05

くそつまらない未来を
変えられるかもしれない投資の話

ヤマザキOKコンピュータ

はじめに

20代前半までの俺は、通いやすい銀行にお金を預けて、手に入りやすい物を買って生活していたわけだけど、その結果、とにかくつまらない街がえんえんと広がってしまった。日本中どこに行っても四角くて色のないマンションが並んでいるし、同じようなショッピングモールやコンビニばかりが増えていて、家も店も商品も売れるように最適化された物ばかり並んでいる。おもしろい物はみんな地下や山の深くに逃げていった。

悔しいけど、この街を作ったのは俺たち自身だ。目の前に出された物ばかりを手にして暮らしていたらこれから先もなにも変わらない。未来はくそつまらない方向へ進み続けることになる。

自分たちが笑って生活していくために、お金をどのように使い、どこに預けるのか、全て自分の意志で選び取っていきたい。

そのためにも、投資は一部のギャンブラーやお金持ちがやる特別な遊びとしておくべきじゃないと考えている。

俺が株式投資を始めたのは22歳で、当時はパンク界隈で有名なライブハウスで働きながら、パンクバンドをやっていた。20代のほとんどはパンクロックに費やしたと思っているし、生き方も芸術も思想も楽しみ方も、根底にあるものはほとんど全てパンクロックから教わった。俺は投資家である前に、ひとりのパンクスでもある。

パンクロックというのは１９７０年代に誕生したカルチャーのひとつで、当時流行していたゴージャスでテクニカルなハードロックに反発する形で誕生した音楽ジャンルでもある。

パンクロックの解釈は人それぞれで、「派手なのがパンク」って人もいれば「お酒飲んで暴れるのがパンク」っていう人もいる。パンクはそれ自体が大きなカルチャーで、音楽ジャンルの枠に収まらない。細かく分けたらいろんなスタイルがあるし、神様もいなければ教科書もないのでいろいろな解釈があっていい。

俺が思い描くパンクというのは、よく漫画や映画に出てくる革ジャンでモヒカンのパンクスとはちょっと違うかもしれない。派手かどうかはどうでもいいし、不良じゃなくても構わない。重要なのは「Do it yourself」と「Anyone can do it」の精神で、つまり自分でやるってことと、誰でもできるってこと。それ以外はなんだっていい。

パンクは、ハードロックみたいに高級な機材と膨大な練習量を必要としない。録音も印刷も流通も、できることは全て自分たちでやっていく。こういう姿勢に憧れたし、今もそうありたいと思っている。足が長くて目立つ奴より、生き方が突き抜けてる奴のほうがかっこいい。

この本『くそつまらない未来を変えられるかもしれない投資の話』はタイトルどおり、投資や経済、社会とお金に関することを書いていくわけだけど、いちパンクスである自分からの視点で展開されていく。

これは今自分がいる場所から見える社会問題や将来の不安と戦いながら楽しく生きていくための冒険の書で、全く専門的なものではない。正しくてえらい読めない本を書くつもりもないから、文法的におかしい部分や学術的に間違っている部分なんかもあるかもしれない。思うに、おりこうさや正しさなんていうのは、さして重要なことではない。また、投資について語るからといって、稼ぎの量も重視しない。

重要なのは量より質で、健康的な心身と充実した趣味、尊敬できる友人ないし家族のいない余生は何年あってもきつい。

貯金額や見た目のよさ、フォロワー数なんかを重要視する人もいるけど、「よい暮らしをする能力や環境があるかどうか」よりも「今よい暮らしをしているかどうか」のほうを重視して生きていきたい。たとえ毎月何百万円もらえたとしても、余暇のない暮らしは苦しい。少なくとも俺にとっては、友達も倫理観も余暇も、どれもお金と交換できるようなものではなく、お金はそこまで万能じゃないと考えている。

価値観をお金に統一されている人たちは平均的な給与や寿命、GDP（国内総生産）なんかで国の幸福度を計測できると本気で考えているけど、そこから見えるものは少ない。たとえ金銭的に世界一豊かで犯罪の少ない国になったとしても、自殺率が高い国には住みたくない。

この本のメインテーマは「投資」だけど、このような前提がある以上、書店の金融コーナーに並んでいるような投資本とは全く違うものになるはずだ。

この本の中では「投資」をお金を増やすための道具ではなく、人生を楽しむための道具として扱ってみたい。それは競馬や宝くじといったギャンブル的なアミューズメントという意味ではない。

投資を生活の中に落とし込むことで、よりよく、より楽しく生きていけるのではないか、という提案だ。

今俺たちの目の前にはうっすらとくそつまらない未来が浮かんで見えるけど、くそ笑える未来も全く見えないわけじゃない。

目次

第1章

くそつまらない未来が
やってこようとしている

くそつまらない未来

地球の気温はどんどん上がっているけど、みんなのテンションは年々下がっているように感じる。

子どもの頃に考えていたよりもテクノロジーが発展していて、車こそ空を飛んでいないものの、幼稚園児がスマートフォンやタブレット端末を使いこなすような時代になった。最近のスマホはめちゃくちゃに便利で、写真に写ってるのが誰なのか勝手に判別してフォルダ分けまでしてくれるし、無料のアプリでも名人並に強いコンピュータと将棋をさせる。テレビも映画も見放題で、スマホだけでも遊ぼうと思えば一生遊べる。ちょっと前までなら神様の仕業としか思えなかったような薄くて小さい優れものがたった数万円で売っていて、ほとんど誰でも持っている。こんな夢みたいな状況でも、やっぱりみんなのテンションは低い。

どれだけ技術が発展しても、ほとんどの人が1日8時間×週に5日は働いている。東京の朝といえばキッチキチの満員電車で、外国人が写真を撮りに来るくらいおもしろい。都心で働く人が家賃を安く抑えようとしたら、キッチキチの電車に乗る時間がどんどん延びる。家族を養おうと思ったら残業もするし休日出勤もするし、忙しい上に給料は安い。働きたいのに仕事がない人と、眠れないほど労働時間が長い人がたくさんいて、ちょうどいい生活を送るためには特別な学歴や職歴を持つか、お金をあきらめるしかない。

今後景気がよくなると思ってる人なんかめったにいなくて、少子高齢化が問題視されても子どもは増えない。金持ちvs.貧乏人の構造は明らかに強くなってるし、Twitterは右や左や上や下に分かれていて、見るのもつらい。でもそんな今ですら「昔はよかった」と思えるくらい、くそつまらない未来が迫ってきているような気がしている。

俺の生まれは埼玉県の川越市で、10年後に父が亡くなってからは母の故郷である東京都板橋区で育った。ここはいわゆる閑静な住宅街というやつで、都内の他区と比べると家賃も食費も安い。どこに住んでも徒歩圏内にスーパーがあって、保育所や大病院も充実している。電車も遅くまで動いているしチェーンの飲み屋もいっぱいあって、きっと住みやすい街なんだと思うけど、俺にとっては息苦しい街だった。中学の同級生たちはなにかにつけて「なめんな」っていってくる。全部テレビや漫画の真似してるだけで、なぜなめられたらキレなきゃいけないのか彼ら自身よくわかってない。すごく苦手な空気だった。あと「ヤバい」という概念があって、少しでも他人と違う言動を見せると「あいつヤバい」といわれて弾かれてしまう。俺も結構ヤバかったらしいけど、こっちはあんまり気にならなかった。でも気にする人たちは学校に来なくなったり、転校したりした。そんな同級生たちとも3年間毎日顔をつき合わせていればだんだん話せるようになってくるけど、卒業したら誰とも遊ばなくなっちゃった。

成人後はパンクバンドに加入して、初めて出演したライブハウスでそのままバイトとして働きはじめた。漫画みたいな話だ。髪の毛はお風呂場で緑に染めて、ボロボロのズボンを毎日はいて、友達が作ったバンドTシャツやリサイクルショップで買った服を着た。見た目も漫画みたいになってきた。このときはまだ板橋区に住んでいて、近所の中華料理屋でひとりで飯食ってるだけで中年カップルにこっそり写真を撮られたりする。駅のホームで知らない中高生にいじられたりもした。この街には「ヤバい」奴を抑え込むようなエネルギーが空気中に漂っている。こんなもので保たれている「閑静な住宅街」なんかくそだ。自分はこの場所にいるべきじゃないと思った。みんな毎日コンビニ弁当食べて、しまむらやユニクロで買った服を着て、安くも広くもない真四角のマンションに住んで、やりたくもない仕事をやっているように見える。そういう人が好まれる。たしかにこの生き方は生存率がすごく高くて、とにかく死ににくい。子どもも育てやすい環境で、ある意味では生物が目指す最先端の環境なのかもしれないって思う部分もあるけど、俺にとってはくそつまらない。

海も山もない都会のわりに、レコード屋さんは見たことない。スケボーは乗った瞬間警察に怒られるし、川辺で焚き火しても通報される。俺はスポッチャもパズドラも興味ないし、缶チューハイは一口で吐いちゃう。居酒屋もキャバクラもパチンコも居心地悪いし、できることなら前も通りたくない。ご近所さんはみんな挨拶してくれるし、隣の家には幼馴染が住んでいて、正真正銘ここで育ったけど、楽しみ方が全くわからない。

でもこの環境を楽しめる人たちもきっとたくさんいる。それはとても素敵なことだけど、バンドやめたら？　とか、結婚すれば？　とか、俺が求めてないタイプの幸せを強要されるのはちょっときつい。そんなこんなで、俺みたいな人にも比較的寛容な杉並区に引っ越した。板橋区にはもう思い出の場所なんかひとつもなくて、いつのまにか巨大なイオンと温泉施設ができていた。いくつかあった好きなお店も全部なくなって、中年カップルに盗撮されながらラーメンをすすった中華料理屋だってチェーンの居酒屋に変わっちまった。通い詰めた弁当屋も商店もきれいさっぱり残ってない。俺の好きな店のセンスはヤバいのかも。

20代になってからは、ほとんどの時間を高円寺で過ごした。高円寺はバンドマンや古着屋が異様に多くて、髪が何色でも、ズボンがどれだけボロボロでも全然問題ない。正月の親戚の集まりが憂鬱な俺たちにとっての避難所みたいな街で、どんな個性もほとんど邪魔されない。温床の微生物みたいにみんなの表現が刺激しあって、街の温度がどんどん上がっていくところも何回も見た。温床のなかはあったかいから、真冬でも植物が発芽する。おもしろい人や店がボンボン出てきて、不景気でもなんでも毎日楽しかった。

その高円寺ですら、再開発の計画が進んでいるらしい。商店街を潰して、大きな道が敷かれるって聞いた。きっとそこにはビルとマンションがたくさん並んで、路面にはコンビニや居酒屋チェーンが入ってくる。これから日本の人口は減っていくはずなのに、大型チェーンと長細いマンションがすごい早さで増えていく。なんでだろう?

くそつまらない街が広がってきている。まるで風の谷のナウシカの腐海みたいに誰にも止められない勢いで広がり続け、2011年からは人が住んじゃいけない街や泳げない海まで現れた。一体誰が望んだ未来なんだろうと思うときもある。こうしてくそつまらない未来が、どんどんやってくる。

と、ここまで卑屈なことばかりをつらつらと書いてみたけど、今の自分の生活はかなり充実していて、この時代に生まれてよかったとすら思う。伝えたいことを文章にしたり、絵にしたり、好きな会社に投資したり、自分がいいと思うことをやると生活が成り立つようになっている。世界各地に友達がいて、みんなそれぞれ好きなことをやっているけど、連絡すればいつでも会いに行ける環境でもある。通勤も通学もずいぶん前からしてないし、なにかを我慢したりつらいことを強要されたりすることもめったにない。もう30歳を超えたけど、昨年の夏は友達と川っぺりでアイスかじったり、車で秘境に泊まりに行ったり、学生時代の何倍も青春してるし、何百倍も楽しい。バンドも遊びも豊かな暮らしも、一生続けられる自信がある。

たまに近所の友達やバンドメンバーたちと社会や未来について話すことがあるけど、俺たちはそんなに悲観していない。社会はずっと混沌としていて、テレビやネットや誰かの言葉で「世の中は確実に悪くなってる」とか「昔のほうがよかった」なんて言われて悲しくなるときもあるけど、俺は自分たちの行動次第で未来は自分好みに変えられるんじゃないかと思っていて、そうなるように行動し続けていられれば来年死んでもいいし、100年生きても構わない。

こんな俺たちにもくそつまらない未来はどんどん迫ってくるけど、変えていく方法は確実にあるし、別にいばらの道だとも思わない。これから「くそつまらない未来を変えられるかもしれない投資の話」について書いていくわけだけど、ここには政府をぶっ潰そうとか、大企業に火を放とう、みたいな怒りのパワーは必要ない。俺たちはすごく豊かな暮らしをしていいし、めちゃくちゃ遊んだっていい。俺たちの暮らしの豊かさは、社会のおもしろさに直結する。いつも未来を考えて楽しく生活していれば、世の中はちょっとずつよくなってしまうかもしれない。遊びまくろう。

資本主義社会でもやっていく

世は大資本主義時代だ。世界はお金で回っている。こんなことといったら嫌な気持ちになる人もいるかもしれないけど、ほとんどの国が資本主義という仕組みを取り入れてから長い時間が経っていて、事実上、今の世の中はお金で回ってしまっている。お金を払えばマンションも一軒家も借りれるし、武家屋敷や城も買える。

でももし江戸時代の武士に向かって「お金を払うから屋敷を譲ってくれ」なんていったら、たぶん斬られてしまう。何万両積んだって、斬られるときは斬られる。

これはお屋敷の価値が下がったからじゃなくて、人々の価値観が移り変わったのが原

因だと考えている。昔は「貴賤」とか「家柄」だったり、もっといろいろな種類の価値観が普及していて、お金で交換できないものがたくさんあったはずだ。

今は世界の価値観が「お金」によってほぼ統一されていて、お金はほとんどの物と交換できる。おかげでどこにでも引っ越せるし、たくさん稼げば時間も若さもかっこよさも大体なんでも手に入る。とはいえ、完全に統一されてしまったわけでもない。お金の損得とは別の軸を持っている人はたくさんいる。

たとえばパンクスならば「それがパンクかどうか」を大事にしているはずだ。

お金がたくさんもらえたり、無料で物が手に入ったりするとしても、地球環境を著しく破壊するようなことや、その手助けになるようなことならばお断りだ。それは尻拭いを自分じゃない誰かにやらせることであって、自立した人間のやることではないと思っている。そんなことを続けていたら、自分の中のパンク像からかけ離れてしまう。

これはパンクスに限ったことではなくて、お坊さんや哲学者、ギャルや釣り師や遊び人にもそれぞれの生き方があるはずで、お金でなにもかもが交換できるわけではない。

有名なパンクスのジョー・ストラマーさんは「パンクロックとはつまり、全ての人類に対する模範的なあり方のことだ」と言っていたし、禅の本や東洋哲学の本にも近いことが書いてあったりする。

少なくとも俺にはお金とは交換できない部分がある。それは「お金よりも大事なもの」ってことじゃなくて、別の次元に存在しているって感じだ。

そもそも、投資家という道を歩み続けているのだって、大嫌いな大銀行たちにお金を預けたくないから始めたことだ。俺のお金はいくつかの好きな会社たちの株式にしておいて、お金が必要なとき必要な分だけ売ればいい。

これは社会に対する投票みたいなもので、いち市民の小さな資産だけど、全く無力なわけではないと思っている。全ての買い物、全ての資産運用にパンクスとしての意志を持って臨むことで、くそ笑えるおもしろい未来がやってくると信じている。

キッチキチの電車に揺られているとついつい忘れちまいそうになるけど、俺たちは効率よく生きるためや、年収を上げてGDPを上げるために生まれたわけじゃない。限られた人生をめちゃくちゃ遊びまくっていい。資本主義にはいいところも悪いところもあるけど、いいところは利用して、悪いところはカバーして、存在しないものは作っていけばいい。自分でやれることはたくさんある。分業が進んだ会社員生活を送っているとつい忘れてしまいそうになるけど、ほとんど全ての物は自分で作ることができる。塩も野菜も家も、人間関係や街の雰囲気、社会や仕組みだって、ほとんどなんでも作ることができる。

第2章

俺たちはお金になにを思えばいいんだろう

お金は錆びない朽ちない腐らない

俺たちが生まれたときにはもうとっくに資本主義だった。いつか革命が起きて世の中がひっくり返る可能性だってゼロじゃないけど、少なくともそれまではお金と付き合っていかなきゃいけない。

ここから少しだけ、お金と資本主義について説明していきたい。そんなに難しくはないはずだ。

お金は不自然だ。自然の中に存在するなにと比べてもおかしい。

たとえば、生肉は常温で置いておいたら半日でダメになるし、野菜もそのうち必ず腐る。肉や野菜を長く保存するには冷蔵や冷凍が欠かせないが、冷蔵期間が長いほど鮮度が落ちて価値が減る。冷蔵庫の電気代と傷み具合をさっ引くと、交換価値はすぐにゼロになっちまう。

ピカピカの新築マンションは原則25年で価値が半分になるといわれていて、固定資産税や修繕費をさっ引いたら、やっぱりすぐに交換価値がゼロになる。

木は腐る。鉄は錆びる。人は老いて骨になって、けむりになって、雨や海や土に変わる。地球上の全てのものはいつか必ず朽ちる。自然物だろうが人工物だろうが、けものや虫やバクテリア、雨や風や紫外線など、誰かにやられて分解される。たぶん地球っていうのは分解と再構築をくりかえすめちゃくちゃでかい装置みたいなもので、あらゆるものがいつか必ずバラバラにされて、ほかのものに生まれ変わるようになっている。こうして自然界のあらゆるものが分解されて蘇ってのサイクルを46億年以上くりかえし続けている。

でも、お金は違う。錆びようが、朽ちようが、腐ろうが、全く価値が変わらない。子どもの頃親戚にもらったお年玉は今もスヌーピーの預金通帳に入っていて、ほとんど価値が変わってない。四半世紀も放っておいたから、利息でちょびっと増えてすらいる。日本経済が再起不能になるまで破綻しない限り、円が朽ちることはないはずだ。いつかドルと合併されたとしても、きっと両替できるだろう。このように、世界中の通貨はどれも永遠に使えるつもりで出回っている。

大昔、お金がまだ存在しない時代はあらゆる取引が物々交換によって行われていたという説がある。人々は肉と魚を交換したり、リンゴと卵を交換したりして生活していたということになる。

でも肉や魚はすぐに腐ってしまうし、季節によっては手に入らないこともある。そこで、貝殻・石・布・塩といった誰にでも貴重で利用価値が高く、長期間保存できるような物に一旦交換しておいて、あとで必要な物と交換するシステムが広がっていく。この「物品貨幣」がお金の始まりだと考えられる。そのうちに、もっと腐りにくくて壊れにくい金・銀・銅などの金属が使われ始める。でも金属は重いしすり減るから、金属を中央銀行に預けて、その証拠として渡される紙＝兌換紙幣《だかんしへい》が使われるようになった。このシステムは金本位制といって世界中で流行ったけど、１９２９年に起きた世界恐慌の影響から管理通貨制度というシステムが取って代わることになる。管理通貨制度は中央銀行がお金を発行できる権利を持っているので、金や銀をいちいち採掘しなくてもいいし、大恐慌が起きそうになったら公的機関が介入してテコ入れしやすい。

こうして、生活の悩みや社会問題をひとつひとつクリアしながら形を変えてきたのが今のお金だ。そう考えると、取引を仲介する素材や考え方が変わっているだけで、お金も物々交換も大差ないように思える。

金本位制が終わったとき、お金の価値の裏付けから貴金属が抜けた。今お金の価値の裏付けとして残っているのは信用だけだ。みんながお金を信じてないと、お金はなにとも交換できない。信用なんてものは形がないのでとても脆い裏付けだとも考えられるし、虫もバクテリアも分解できない無敵の裏付けと考えることもできる。

今のお金のシステムだと、ハイパーインフレや国家の破綻で価値がなくなってしまうことはあり得るけど、自分が死ぬまではきっと大丈夫だし、利子で増える可能性もある。事実がどうかは別として、少なくとも大半の人がそう思っているから、この瞬間も経済が成り立っている。

生肉は必ず腐るけど、お金は腐らない。それは誰でも知っている。ということは、長期的に見れば肉よりお金のほうが価値が高いってことでもある。

腐らないだけじゃない。お金の保有にはコストが全然かからないから、いくら持っても損はない。でかい金庫も必要ないし、冷蔵庫や防虫剤も必要ない。お金には水もエサも電気もあげなくていい。給料が振り込まれた口座に入れたまま、何十年放っておいてもまた使える。万が一その銀行が潰れても日本には預金保険制度があるから、1行あたり1000万円までは守られる。

あらゆるものが朽ちる中で、お金だけが朽ちない。しかも、ほとんどの物と交換できる。そんな状況なら、人間がお金を集めたがるのは全然不思議じゃない。こうして人々がお金を集め続けると貯蓄ばかりが増えて、市場に出回るお金は少なくなっていく。すると、お金にプレミアがつきはじめる。

今の世の中で、「生肉貸すから増やして返してね！」っていう人はたぶんひとりもいないけど、お金を貸したら増やして返すのが当たり前だ。つまりお金を持っている人が有利なわけで、ほとんどの人は物よりお金がほしいと思っている。

お金の性質1：価値の前借り

お金には、「価値の前借り」と「富の保存」という、ふたつのすごい機能がある。どちらも、物々交換社会にはない機能だ。

価値の前借りというのは、簡単にいえば「借金」のこと。たくさん稼げるビジョンがあれば、お金を借りることで足りない初期費用などを埋めることができる。借りた金額よりは多く返さなきゃいけないけど、それは悪いことだとは限らない。

たとえば、腕のいい木こり「与作」がいたとする。質のいいヒノキやキリが自生する豊かな山に住んでいて、使い古したノコギリで自宅周辺の木を切って、売ったり使ったりして、なんとか暮らしている。今は生活するので精一杯。

「マキタのチェンソーがあればもっと大きな木が切れるのに……」と毎日考えながら、

へいへいほうほう木を切っている。

しかし実際は、がんばってお金を貯めてチェンソーを買ったところで、ひとりで町まで運ぶことができない。車があれば楽だけど、トラックを買うにはチェンソーよりもっとたくさんのお金が必要だ。それに、いくら与作が力持ちでもひとりで持ち上げられる木の大きさには限界がある。チェンソーを手に入れて、せっかく太い木を切れるようになったとしても、荷台に積み込むためには結局こま切れにしなければならないかもしれない。

この場合、銀行でお金を借りてチェンソー、輸送トラック、積み込み用のクレーンという3つの機材を同時に買うことができれば、よりよい状態の木を、よりたくさん運ぶことが可能になる。そうしたら購入費用くらいすぐに返済できるはずだ。

そのことに気がついた与作は、銀行にプレゼンしてなんとか300万円借りることができた。ヤフオク！でマキタのエンジンチェンソーを買い、中古のデュトロに古河ユニックの3段クレーンを装着した。本当は林業用のフォワーダがほしかったけど、お金が足りなかったので持ち前の筋肉でカバーした。与作はその他一通りの道具を揃え、仕事の効率を劇的にアップさせることに成功する。

その分の空いた時間で木の加工技術を勉強して、桐箪笥や一枚板のテーブルくらいはひとりでも作れるようになった。これを近隣の村まで持っていけば、木をそのまま売るよりもずっと高く売ることができる。こうして数年以内に借金を全て返済して、ずいぶん豊かな生活が送れるようになった。

そんな暮らしを送るうちに、いつの間にか与作は国宝級の大黒柱や建具を作れるほどの技術が身についていた。自分の才能が恐ろしかった。俺はどこまでいけるんだろう？この力をもっと発揮すれば、この世界になにか遺せるかもしれない……。

一度きりの人生だ。限界までやってみたい。山の木たち、こんな俺に夢を見せてくれてありがとう。ヘイヘイホ〜ウ！

そこで、もう一度銀行に行ってお金を借りた。そのお金で倉庫や工房を揃えた。林業用のフォワーダも買ったし、こっそり古河ユニックのグラップルローダも買った。かっこよかったから、買った。その借金もすぐに返して、また借りて、宿舎を建てて社員を雇って、ホームページを作って、道路を整備して……としているうちにどんどんその名が轟いて、世界中から注文が殺到するようになった。与作はその間も驕ることなく鍛錬を続け、晩年、自分の実力を100％発揮して、法隆寺に勝るとも劣らない偉大な建造物「与

作タワー」を造りあげた。与作タワーは人類が滅ぶそのときまで大事にされて、何度か地球の危機を救ったりしたけど、それについてはまたこんど、別の本で書きたい。脱線がひどいので、少し話を戻そうと思う。

与作がもし借金できなかったら「チェンソーほしいなあ」と思いながら毎日ヘイヘイホウして、死ぬまでにはトラックやクレーンぐらい買えたかどうか、といったところだ。夢は子や孫に受け継がれるかもしれないし、受け継がれないかもしれない。

でもこの話の中で与作は、価値の前借りとうまく付き合っていくことでどんどん望みを叶えて活動を拡張し、夢を見つけ、叶えるところまでいくことができた。こう考えると、借金というのもそんなに悪いことではないように思える。

お金の性質2：富の保存

資本主義のもうひとつのスーパーパワー「富の保存」について考えてみよう。

お金は1年後も10年後も価値が変わらないという前提があり、木材みたいにカビたり腐ったりして価値がなくなることがない。米や布みたいに虫に食われる心配もない。塩は濡れないように気を付けないといけないし、皮革はねずみの害がある。

お金は一度手に入れてしまえばお手入れの必要がなく、紙幣が破れたり硬貨が錆びたりしても交換することができて、よほどのことがない限りは価値が減らない。盗まれる可能性は常にあるけど、紙幣はペラペラで硬貨はちっちゃい。取り回しがよくて隠したり預けたりしやすいので、ほかのものに比べれば盗難にも備えやすい。

金本位制の時代は金属の採掘量によってお金の総量が変わってしまうという欠点があったけど、管理通貨制の今は国の裁量でお金を増やしたり減らしたりできる。日本円の発行は日本銀行がやっていて、米ドルの発行は連邦準備銀行というところが管理している。どちらもバックには政府がいて、その価値を保証している。金属が価値を保証していた時代と違って、管理通貨は発行者の信用によって価値が変わるので、国の経済状況によっては価値がほぼゼロになる可能性もある。

お金はどんどんデータ化が進んでいて、すでに都市部ではクレジットカードや電子マネーがあればお札やコインがなくても生活できるくらいには普及している。現在使われている電子マネーはあくまで現金の代わりとしてやり取りするものだけど、今開発が進んでいる暗号資産（仮想通貨）っていうやつははじめからデータでできたお金なので、腐らないし燃えないし失くしちゃうこともない。暗号資産でいちばん有名なビットコインは、プログラムによって決められた早さで、決められた量だけ増えていく。後ろ盾は国じゃなくてコンピュータプログラムなので、決定的な欠点でも見つからない限りは信用を失うことがない。このプログラムは、誰がいくらもっているかという記録が世界中のコンピュータに暗号化されて保存される仕組みになっていて、保存の仕方によっては、パソコンが濡れても自宅が全焼しても国が破綻しても問題ない。管理通貨制度の次に来るお金の仕組みとして、今のところ最も有力なシステムだ。

このように、通貨は産業技術の進歩とともに形を変え、どんどん保存性が強いほうへと向かっている。つまり、社会はお金をもっと保存したいと思っている。お金の保存性の高さは、今の時点ですでに自然界には存在しないレベルで、異常な域に達している。

保存性のバグが未来を壊す

何度もくりかえすようだけど、物を保存するにはコストがかかる。たとえばお米は食べ物の中ではかなり保存がきくほうだけど、直射日光や高温多湿には結構弱い。適当な場所に置けば虫やねずみに食われるし、酸化のスピードも早くなるので、おいしく保存するには密閉容器に入れて冷蔵庫の中に置くのがいい。昔の日本では土壁に漆喰を塗った土蔵に籾米の状態で保管して、食べる分だけ精米していたらしい。しかし土蔵を作るとなると、かなりのコストがかかる。

たとえば、田舎暮らしの農民「田吾作」がいたとする。田吾作は、自宅の小さな田んぼで1年間に100kgのお米を収穫することができる。ただし100kgも保管しておける場所がないので、自宅の日の当たらない場所に置いておくしかない。でもそれだと冬が終わって気温が18℃を超えたあたりからコクゾウムシが出始めて、放っておいたらあっという間にお米が全部ダメになってしまう。がんばって1匹ずつ取り除くけど、それでも少しずつダメになっていくし、100kg分チェックするのはさすがに無理だ。食べ進めて量が減ってくるとだんだん楽にチェックできるようになるけど、そのうちねずみも現れて、梅雨にはカビも生えたりする。1年中いろんな邪魔が入ってくるわけで、結局食べられたのは半分の50kgほどだった。ちくしょうである。

成人男性の年間の米の消費量は60〜80kgほどと言われているから、50kgだと少し足りない。田吾作は夏から秋にかけて食糧不足に悩まされ、山で採れた木の実や、家畜の鶏をしめて食べるハメになり、図らずも糖質オフダイエットでサラダチキンと無塩のミックスナッツばかり食べているOLさんみたいな食生活を送った。

やたら美脚になったし肌の調子も悪くないけど、来年は米をたらふく食べたい。そこで、友人のクラモチさんに相談して、お屋敷にある立派な土蔵を間借りして、好きなときに米を引き落とせる契約を結ばせてもらった。間借りの報酬は、米20kgだ。

100kg預けて、そのうち20kgをクラモチさんに払う。これで田吾作は毎年米80kgを食べることができる。

クラモチさんは同じような契約をほかの農家とも結んでいて、土蔵のケアと泥棒対策さえしていれば、田んぼがなくても毎年飯が食える。まさにwin-winの関係である。

このように、物を保存するには一定のコストがかかるため、預けるときには預ける側（田吾作サイド）が報酬を払い、預かる側（クラモチサイド）はケアする代わりに報酬を受け取るのが自然だ。

しかし、お金の場合はそうはいかない。借金は基本的に、貸す側が利益を得るような契約を結ぶ。このマイナス金利時代の超低金利な銀行（年利0・001％の普通預金）ですら、100万円預けたら1年後に10円くれる。国にお金を貸した（個人向け国債変動10）なら最低でも年0・05％はもらえるし、企業に貸した（社債）なら年5％以上もらえることもある。田吾作がクラモチさんに向かって「米預けるから何パーか増やして返してよ」っていうのはちゃんちゃらおかしい話だけど、お金の世界ではそれがまかり通っている。

その理由は、お金の価値の保存性が自然界のなによりも高いから。あるいは、高いと信じられているからだ。財産は、米や塩で持っているよりもお金で持っていたほうが楽だし、増やすこともできる。

世の中ではお金を借りたら増やして返すのが当たり前で、減らして返す前提の契約なんて結ぶ必要がない。お金持ちは余っているお金を貸すだけで増やしていくことができる。5億円持っている人が年5％ずつ増やしていったら、30年後には21億6097万円になる。普通の暮らしじゃ使いきれない。こんなことをひいひいひい爺ちゃんの頃から続けてる一族もいて、お金を持っている人たちのところにはどんどんお金が集まっていく。その一方で、お金が行き届かなくなってしまう人もいる。田吾作みたいに木の実を食べられたらそれでもいいけど、実際はそうもいかないし、家賃や税金だって払わなきゃいけない。こうして貧富の差が開いていく。

第3章

資本主義の深刻な問題

「貧乏人が貧しいのは努力や知恵が足りないからで、自己責任だ」という意見が世の中に蔓延しているけど、俺が思うにそれは違う。格差はお金の仕組みが生み出した副産物で、災害みたいなものだと思っている。少し角度を変えて考えてみよう。

第1の竜、カクサ

格差を悪い竜「カクサ」にたとえてみよう。

カクサは富豪と貧民を分断して、人間同士を争わせたり、ときに飢え死にさせたりする。カクサははじめ、何人かの人間を無作為に選び出した。

多くの人間から富と時間を少しずつ吸い取り、選び出した人間たちに与えた。

カクサはこうしてたくさんの芸術や技術、機械などを作り出し、人類の可能性を拡張してきたが、そうして生まれた機械たちは人間から仕事と技術を奪った。

工場の自動化で得た利益はひとにぎりの開発者に独占され、失業者たちは生活もままならない。こうしてまたカクサが大きくなる。

人間を救うというふれ込みで作られたテクノロジーは人間の暮らしを食い尽くすばかりで、暮らしは豊かになったのか、なっていないのか、いまいちわからない。少なくと

も、人間の仕事は産業革命前よりも程度が低い。ＩＴ革命以降に至っては機械を助ける技術ばかりが向上していて、指はタイピングのためにある。重要なのは効率で、効率のために分業が進む。たとえばコーラの会社に就職しても、コーラの作り方も売り方もわからないまま定年を迎えることになる。クレーム対応やビジネスメールの作り方ばっかり上手くなって、独立の仕方も老後の楽しみ方もわからない。会社仕事は生活に活きることが少なすぎる。

ホモ・サピエンス本来の生活手段であり、何百万年も積み重ねられてきた狩猟採集にかんする技術は我々の生活から引き離されて、博物館に飾られた。今の都市生活者は、縄文人が作っていた土器の作り方すらわからない。

また、農耕民は狩猟民を野蛮とさげすみ、罪がなければ生き物を殺すことも許さない。罪とはなにかというと、自分の野菜をかじられることや、手足をカユカユにされることだ。人々は崇高で清潔なうすっぺらいなにかを目指し、日々コンビニ弁当と腐らないパンを食べている。

人間はもはや小麦と機械の奴隷だ。そもそも、カクサの誕生には農耕が深くかかわっている。

カクサは、余った小麦の山の中で生まれた。とても寒くて横に広いユーラシアの大地の中で、シルクロードを何度も何度も往復して大きく身体を太らせた。

やがて人間は余った小麦を奪い合って争いはじめ、土地や奴隷も奪い合って、領主たちは屋敷の大きさと暮らしの豪勢さを競った。そんななかで貨幣が生まれ、人間は貯蓄と借金を覚え、カクサは確固たるものになった。今では誰の手にも負えないほど大きくて、戦争も起こすし、自殺もさせる。

政府はカクサを抑え込もうといろんな作戦を考えるけど、カクサの手の者は政府の中にも外にも数え切れないほど紛れ込んでいて、どんな作戦もうまくいかない。

第2の竜、オセン

こわい竜はカクサだけではない。環境汚染の竜「オセン」というのもいて、こっちはさらにたちが悪い。

カクサは成長の過程でたくさんの機械を生み出した。機械たちは大量の石炭を使って人間よりも安く、早く、精密な仕事をする。

石炭に火をつけると巨大な炎が巻き起こる。炎は蒸気や電気になって、機械を動かす原動力になった。第2の竜オセンは、その巨大な炎の煙の中から生まれた。

オセンはひとつの身体にいくつもの頭を持っていて、熱のオセン、風のオセン、水のオセン、土のオセン、核のオセンなどが有名だ。オセンは海を汚し、空を壊し、氷を溶かす。全ての森を砂漠に変え、生命の螺旋構造にエラーを埋め込んだりもする。

このままいけば、数千万年つながり続けた文化も生命も全部暑さで溶けて海に沈む。この世界最悪の竜を生み出したのは、第1の竜カクサと人間たちである。

カクサは人々を扇動する。人間たちはカクサに認められたくて借金して工場を作り、たくさんの大きなビルと油田と冷蔵庫を建設した。人間の大半はハンバーガーとコーラの中毒者で、人はこれから先も増え続ける。工場も車も世界にはまだまだ足りないらしい。オセンは工場からの黒煙と、火力発電所からの黒煙のポイント二重取りで身体を太らせながら、何十年もかけて空を破壊している。

もし空が壊れたら、俺たちは宇宙エネルギーに耐えられなくて蒸発する。でもその前に、2050年までに地球の平均気温が3℃上昇したら20億人が水不足に陥って住む場所と畑がなくなるといわれている。きっと巨大な紛争が起きるだろう。そのとき人類は

絶滅するかもしれないという人もいる。

オセンは森を殺し、けものを殺し、人も殺すが、死体で遊ぶわけでもなければ、食べるわけでもない。

この竜には意思がない。そもそもオセンは竜になる前から地球上に存在する神出鬼没の精霊のようなもので、善でもなければ悪でもない。そもそも、生物の根源は毒ガスから生まれたという話も聞いたことがある。オセンには悪意もなければ罪もなく、憎んでどうにかなるものでもない。かといって、放っておくこともできない。

カクサやオセンを見て見ぬふりして自分の幸せだけを追求するのは、未来人に寄りかかって生きることであり、自立した人間のやることではない。

古代ギリシャでは、自分のことしか考えられない人間のことを「イディオテス」と呼んだ。ハリボテだけのＤＩＹで無農薬野菜を食べながら石炭を燃やし続けるのは、イディオテスのやることだ。

「節度のあるものは詩人となり、節度のないものはイディオテスになる」というのは、古代アテネのことわざだ。

資源有限、創意無限

昔、ロシアのバイカル湖では自然豊かな湖と森林の間でたくさんの人たちが食べ物を分け合って豊かな暮らしを送っていたらしい。この地域では昔からオームリやチョウザメの漁業が盛んで、ほとりではヤギ・ラクダ・牛・羊などの牧畜や農業も行われていた。オームリというのはサケ科の淡水魚で、味はコイやフナというよりは、サンマやサバに近い。ロシア人は淡水魚をよく食べるし、ふだんは肉ばっかり食べてるモンゴル系のブリヤート人もオームリは好きだったりする。俺も何度か食べたことがあるけど、日本食にも使えるような味でうまかった。オームリは塩漬けや燻製にすればある程度保存がきくし、ほかの地域でもよく売れる。チョウザメは言わずと知れたキャビアのお母さんで、世界中で大人気だ。この2匹、どう考えてもお金になる。

この地域に銀行が来てから、先ほど出た木こりの与作と同様に、みんなどんどん借金を利用してビジネスを大きくしていった。漁師たちは自分で作れなかったような巨大な船や魚群探知機などさまざまな機材を手に入れて、魚を冷凍保存する倉庫や、加工するための工場をばんばん作った。大型トレーラーがひっきりなしに行き来して遠くの街やほかの国まで魚を送れるようになって、ほとりには大きくて豪華な家がたくさん建ったらしい。でもその代わりに、魚はどんどん減っていった。

実際に調査に行ったわけではないのでくわしくは知らないけど、少なくとも1960〜70年代にオームリが絶滅しかけて漁獲が禁止されていたという記録が残っているし、チョウザメは国際自然保護連合のレッドリストで絶滅危惧種に指定されている。

この例はロシアの湖で何十年も前に起きた話で、その後の努力で魚たちは徐々に増えてきたようだけど、きっと今この瞬間にもあのときのバイカル湖と同じようなことが世界中で起きまくっている。バイカル湖とそのほとりは、今の地球の縮図かもしれない。

森林の砂漠化や大気と海洋の汚染、放射能による汚染など、俺たちのツケはいつも自然か未来人のどっちか頼りだ。もう21世紀だし、ぼちぼちそういうのやめたいなと思う。別に誰かを批判したいわけではない。木こりの与作が自分を発揮したい気持ちもわかるし、憧れる気持ちもある。ついさっき自分の妄想から生み出されたキャラクターなのにちょっとした尊敬の念すら芽生え始めている。

でも今俺は、自分自身がひとりの未来人として兄さん姉さん方の分までツケを返しながら楽しく生きていきたいと考えている。エコがどうとかオーガニックがどうとかじゃなくて、自立したひとりの人間として、そう思う。

かといって、別に森の中で暮らそうとか、自給自足のスローライフを送ろうとかいうわけでもない。

たとえば友人のあっちゃんは、「資源有限創意無限」っていうテーマで、捨てられた段ボールの裏に絵を描いている。白い紙に描かれた絵よりもリアリティのあるメッセージを含んでいて、すごくいい作品だと思った。

俺も少し似たテーマで自分のバンドグッズを作っていて、リサイクル衣料にシルクスクリーンプリントしたものを販売していたりする。業者に発注することに比べれば手間もかかるけど、飽きるほどたくさん作るわけじゃないので結構楽しみながら作れる。色やサイズが思いどおりにいかなくて不便なところもあるけど、現状はないものはないのでしょうがない。これから考えて工夫していけば、こういった問題もクリアできるだろう。

俺たちのアクションはすごく小さいものかもしれないけど、なにかを作ることと資源の消費はイコールの関係ではないということはいえる。

自然と共存する

19世紀アメリカの詩人ウォルト・ホイットマンは、草の葉（Leaves of Grass）という詩のなかで、以下のようにうたっている。

わたしが変形して動物たちと一緒に生活することができるとわたしは考える、彼らはそんなにも温和で自足している、
わたしは直立して飽くことなく彼らを眺めている。
彼らは彼らの境遇を後悔したり哀しんだりはしない、
彼らは闇のなかに目覚めて彼らの罪のために泣くことはしない、彼らは彼らの〝神〟に対する義務を論じ合ってわたしを痛ましめることをしない、ただの一匹として満足しないものはない、ただの一つとして事物を所有しようと熱中して気狂いのようになりはしない、
ただの一匹として他に対して膝を折ったりはしない、また幾千年も前に生存したその同類に対しても同様である、
ただの一匹として全世界中に尊敬されるものもなければ、不幸なものもないのだ。

（草の葉　ウォルト・ホイットマン／富田砕花訳）

蓄財やマウンティングに熱中する人々にうんざりしたウォルト・ホイットマンは、動物たちに理想的な生き様を見つけたらしい。動物たちは平等で、お金や物にとらわれることなく、独立独歩の暮らしを送っている。

この詩の原文が発売されたのは1855年で、今から160年以上前になる。「人間たち」と「動物たち」が遠く離れた存在になったのは、今に始まったことではないらしい。

俺たち農耕民は、比較的動物に近い生活を送る狩猟民のことを野蛮人などと称してさげすむようなことがあるけど、狩猟民について調べれば調べるほど、美しく高度な文化を持っているように思えてくる。

たとえばオーストラリア大陸にはアボリジニと呼ばれる先住民族がいる。オーストラリアは気候がよく、自然が豊かで、さまざまな動物や植物にあふれている。かつては肉食のカンガルーや巨大なワニ、飛べない鳥もいて、今よりもたくさんの動物がいた。

この生態系のトップに立つのがアボリジニで、彼らは狩りの達人だ。ブーメランや槍を駆使して、どんな大型哺乳類でもたちまちゲットしてしまう。ときには絶滅させるまで狩ってしまうときもあった。これは現代でいうオセンに近いかもしれない。しかし、そんななかでアボリジニは高度な精神文化や狩猟採集技術を磨いていった。

彼らは今、自然を愛し、動物や植物を自分たちと同じ霊界の仲間として尊敬している。余った時間を狩りや備蓄にあてず、歌や踊りに使うことで、自然と共存した。ときにはカンガルーに餌を与え、増やすこともする。日本の先住民であるアイヌもアボリジニに近い宗教観を持っていて、自然を尊敬しており、むやみに自然を破壊しない。

彼らは結果的に、持続可能な社会を作り出すことに成功しており、無尽蔵に自然を食い尽くす俺たちよりも圧倒的に賢く、素晴らしい成果を上げているように思える。

俺たちがスマートフォンを捨てる日が来るとしたら、それはもっと便利なツールが開発されたときだと思う。インフォメーション・テクノロジーのない生活に戻ることは、もうできないかもしれない。でも蓄財に熱中することや、大量生産・大量消費の歯車になる以外の楽しみを見つけ、新しい生き方を考えることはできる。

第４章

お金と共存していく方法

テクノロジーの希望

前章までに述べたとおり、貧富の差が激しくなったり、自然がどんどん破壊されていく原因のひとつにはお金そのものの性質がかかわっていると考えている。俺たちがこのシステムに流され続ける限り、くそ笑える未来はやってこない。

この問題を解決する方法はあるだろうか。政府や金持ちの罵倒はTwitterを開けばいつでも誰かが書いてるけど、せっかく本を手にしてもらってるので、もうちょっと建設的なやつをひとつ。いやふたつかみっつほど考えてみたい。

世の中には、資本主義を根本から考え直して、お金のシステム自体を変えようと主張している人たちがたくさんいる。最近ではＡＩ（人工知能）を利用した共産主義の研究をしている人もいるらしい。

我が家に初めてやってきたパソコンはWindows95で、たしか自分が小学校2年生のときだったと思う。それまでうちにはワープロしかなくて、ファミコンも買ってもらえなかったので小学校1年生のときはワープロの白黒画面に文字を打ち込みまくることだけが娯楽だった。保存媒体はフロッピーディスクというやつで、容量は1メガちょいしか入らない。あれからまだ20年くらいしか経ってないのにすごい早さで技術が進歩していて、最近は指の爪よりも小さなＳＤカードにフロッピー１００万枚くらいのデータを一瞬で書き込める。いつの間にかみんな当たり前のようにiPhoneで顔認証したり、ケーブルのないヘッドフォンで音楽を聴いたりしてる。

この調子で指数関数的な勢いで技術が進歩していけば、どこになにがどれくらいあれば世の中がうまく回るかＡＩが計算してくれるような世界はわりと簡単に想像できる。今までの共産主義のイメージを一新する、全く新しいものが生まれて、カクサを倒してくれるかもしれない。

それに、科学の進歩がオセンを倒す可能性だってなくはない。ケミカルパワーでオゾンホールを埋めたり、放射能も海洋汚染も、全部きれいにする技術が開発される可能性だってある。

お金のシステムをカスタムしていく

一方で、もっとお手軽に、お金の性質をちょっとカスタムして改善しようと考えている人たちもいる。たとえばお金が持ってるスーパーパワー「富の保存」が強すぎるなら、その部分を弱くしてやればいい。

基本的に自然界にあるものは全て絶えず変化を続けていて、元に戻ることはない。高卒の俺がいくら願っても中卒にはなれない。中卒の投資家のほうが絶対かっこいいし、中卒のまま1冊書き上げて東大生に講義とかしてみたかったけど、自然法則の関係でなれないものは仕方がない。また、永遠の17歳などと名乗ってみても、皮膚も脳も確実に劣化していく。どれだけ深く思い込んでも時間は一方通行で、戻ることも止まることもない。これは当たり前のことで、たぶん誰もが知っている。放っておけば食べ物は腐るし、家も朽ちる。どんな物でも必ず壊れて、いつか価値がなくなってしまう。釣り師の先輩の言葉を借りれば「覆水盆に返らず」ってやつだ。

でも、お金だけは時間の経過を無視できる。もしお金の価値が永遠に変わらないなら、いつか腐ってしまう物を持つよりも価値が高い。「必ず腐るお米」と「絶対に価値が変わらないお金」なら、当然お金が選ばれる。実際は「価値が変わらない前提で運営されていて、増える可能性が高いけど減る可能性もあるし、国が破綻したら価値がなくなるお金」が現実に近い。それでも、必ず腐るお米よりは期待値が高い。

「お金なんて所詮ただの道具なのに、なんでみんなお金をほしがるのか」みたいな意見もたまに見かけるけど、先ほど解説したとおり今はお金の価値が特別高いシステムになっているので特におかしいことでもない。人がお金を貯めこみたいと考えるのは当たり前だ。

お金を借りるなら利子をつけて返すのが当たり前の世の中になると、どんどん貧富の差が開いていって、やがて生活に必要なお金が行き届かない人も出てくるかもしれない。このバランスを解決するのが貨幣の発行者である中央銀行だけど、どんな金融政策もやってみるまでどうなるかわからないし、完璧な作戦なんて存在しない。今ほとんどの先進国がかつてないほどの少子高齢化社会を突き進んでいて、見たことないことが常に起き続けている。なにもかもが手探りの状態だ。

日本銀行の黒田総裁は、2013年に異次元緩和という世界の誰もやったことがない景気刺激策に踏み切った。それは別に画期的な作戦というわけでもないんだけど、誰もやったことがなかったのには理由があって、簡単に言えば取り返しがつくかわからないレベルまで、景気を刺激しまくるという作戦だった。これは黒田バズーカと呼ばれるくらい強力なインパクトがあって一時的に株価が上がりまくったけど、総合的にやってよかったのかどうかはまだハッキリとはわかってない。

こうやって、一か八かの勝負に出たり、通貨の総量を細かく調整したりして、経済学者たちがなんとか不景気を食い止めようとしているのが現状である。

でも俺の知る限り、経済学はくそだ。少なくとも、科学や数学と肩を並べられるような学問ではない。ものすごい量の理論で武装した星占いみたいなものだと思っている。

経済学では不景気は競争不足が原因だと思われているから、規制緩和して競争させようとする。それでもダメなら、民営化だ。新しい競争現場を生み出して、また競争させようとする。それでもダメなら労働環境が原因で、時給を操作したり福祉や税率を変えてみる。それでもダメなら……と、うまくいくまで永遠に続く。

結局、根本の原因を止めない限り、安定はないように思える。

もし、根本の原因がお金の性質、つまり「富の保存が強すぎる」という部分にあるのなら、自然界の法則に寄り添ってお金も価値を減らして一定周期で生まれ変わるようなシステムを作ったらどうだろうか。もしかしたら、今みたいにお金が特別で異様な扱いを受けることがなくなるかもしれない。

スタンプ貨幣でお金を自然に近付ける

19～20世紀の経済学者シルビオ・ゲゼルという人は、スタンプ貨幣というシステムを考案している。このスタンプ貨幣というのは、お米が傷んだり鉄が錆びていくみたいに、お金も時間とともに価値を減らしてみようという試みだ。

スタンプ貨幣は商品券のようなもので、加盟店でお金のように使うことができる。お札と同じような形をしていて、裏がスタンプカードみたいになっている。ここに有料のスタンプを押してもらわないと、お店の買い物に使えない。

例として、架空のスタンプ貨幣「ヤマコンドル」という物を作ってみよう。

ヤマコンドルは、月に1回押印が必要なスタンプ貨幣である。架空の都市「ＯＫシティ」で出回っている。

ＯＫシティでは、1万ヤマコンドルは1万円札と全く同じように使える。券面はビックリマンシールみたいなデザインでコンドルの絵が描いてある。かわいい。最高。誰か作ってくれ。

ヤマコンドルの最大の特徴は、早く使わないと価値が下がっちゃうこと。

裏面はスタンプカードみたいになっていて、ハンコを押す枠が12個ある。12個の枠にはそれぞれ1月から12月までの数字が書かれていて、駅前のコンドルスタンドで50円の税金を納めればスタンプをひとつ押してもらえる。このスタンプがきちんと押されていないヤマコンドルはお店で使うことができない。つまり、今月中に使わないと1枚あたり50円の税金が発生するってこと。スタンプは毎月押してもらってもいいし、数か月分まとめて押してもらっても構わない。

たとえば、1月にもらってずっとタンスに入れっぱなしにしていたヤマコンドルを11月に見つけたとする。そのままこれを持ってスーパーに行っても、なにも買うことができない。もしレジの人が親切だったら、スタンプのコストを差し引いたお釣りを返してくれて、代わりにコンドルスタンドに行ってくれるかもしれないけど、原則的には自分でコンドルスタンドに行ってスタンプを10個押してもらって、50円×10スタンプ＝５００円を納税する。こうしてようやく買い物に使うことができる。

ＯＫシティでお店や会社を経営する人は、社員やアルバイトのお給料のうち10％はスタンプ貨幣で払わなきゃいけないというルールがある。こうして、みんなの手元にスタンプ貨幣が届くような仕組みになっている。

たとえば今月のお給料が20万円なら、18万円と2万ヤマコンドルが支払われる。２万ヤマコンドルは今月中に使わないと50円×２枚分の税金が発生する。もし1年放置したら６００円×２枚分の税金を払って新しいお札と交換しなきゃいけない。つまり1年で

10000
OK
金

OK
OK
延値即是納税
3
10
11
12
4
5
6
7
8
9

6％価値が減るお金だという風にも考えられる。持ち続けるのが損なのは明らかで、こんなものさっさと使ってしまいたい。だから現金よりも優先的に使われていく。特に月末は時限爆弾の渡し合いみたいになって、お金がものすごく循環することが予想される。逆に言えば、月末の夜だけ開ける居酒屋とかやればめちゃくちゃ流行るかもしれない。月末飲み、みたいなカルチャーも生まれちゃうかも。

お金の循環速度は、景気のよさに直結する。街にあるお金の総量が同じでも、お金が循環する街としない街なら、循環する街のほうが圧倒的に景気がよく、シャッター商店街も少なくなる。２０１８年の日本のＧＤＰはバブル期の1・4倍くらいあるのに体感的に景気が悪く思えるのは、お金の回転率が3分の1以下になってしまったからだという説もある。

このスタンプ貨幣っていうシステムは、下手な景気刺激策よりも消費が増大しそうな気がする。消費が増大するというのはつまり物が買われやすくなるということなので、価格を下げてまずいコーヒー豆を使ったり、プライドを捨ててタピオカミルクティーなんか作らなくても、いいものを作っていれば売れるはずだ。きちんと税金をもらいながら消費が増えるわけなので、国や経営者にとってもいいことずくめだ。

俺はなんの専門家でもないしくわしく知らないけど、スタンプ貨幣の導入は景気にとって理想的なように思える。シルビオ・ゲゼルは100年も前にこの方法を考えついていて、世界恐慌後の1930年代には、オーストリアのヴェルグルという町やドイツのシュヴァーネンキルヒェンっていう村で試験的にスタンプ貨幣を取り入れた例がある。

当時のヴェルグルは人口4300人に対して失業者が500人もいて、ギリギリ失業してないみたいな人も1000人ほどいたらしい。そんななか、ゲゼルのファンの町長が「労働証明書」というスタンプ貨幣を導入して、1年ほどで失業者がゼロになったという。労働証明書は週平均8回も持ち主を変えていて、オーストリアの正規通貨シリングの約14倍回転したらしい。つまり、ほとんどの人がタンスに眠らせることなく買い物に使いまくったということだ。ヴェルグルは町の規模が小さいし国も時代もまるで違うので、日本にそのまま適用してよくなるほど甘くはないだろうけど、流通量や税率をカスタムしていけば、景気回復のきっかけになりそうな気もする。

ちなみに、2016年の2月から日本銀行が試しているマイナス金利政策もスタンプ貨幣にちょっと似ている。新しい通貨を作らずに、日本円自体の価値を減らしていく試みだ。これは俺たちが使っている普通預金にはほぼ無関係で、銀行が使う日銀当座預金というところの一部だけに適用されている。実際はお金が国債とかほかの商品に逃げていて、ほとんど効果が出ていない。まだまだデフレが続くようなら、日本でもスタンプ貨幣が導入されるかもしれない。

個人的にはすごいおもしろそうだけどスタンプを押すのがかなり手間だし、夏は日中外出したくないので、駅前のコンドルスタンドなんかなるべく行きたくない。できたら電子マネーか暗号通貨（仮想通貨）の形にして、毎週か毎日か毎秒かなんでもいいけど、勝手に減らしていってほしい。PayPayやLINE Payがもう少し普及したらそれくらい簡単にできるはず。じいさんやばあさんには使うのがむずかしいかもしれないから、年金は100％現金にしておいて、東京23区内のお給料の一部から始めるとか、どうにでもやりようはありそうだ。

第5章

俺たちが未来のためにやれること

あらゆる買い物に意志を乗せる

前章では、景気がよくなる方法について考えた。その前の章では資本主義社会のデメリットのようなものを書いた。

格差や環境にかんする問題の原因がお金だとすると、景気がよくなるほど社会は悪くなるように思える。今のままなら、人がお金を使えば使うほど工場は黒煙を吐くだろうし、金持ちはどんどん金持ちになって貧乏人はどんどん貧乏になる。

持続可能性と、好景気。このふたつは一見矛盾するようだけど、実は共存することができるはずだと考えている。この本はここから先が本題。俺たちが日々の生活の中でどうやってくそつまらない未来に抗っていけばいいのか、身近な例でもっと具体的に考えてみよう。

俺はほとんど母親に育てられた。母は介護福祉士の資格を持っていて、3人の子どもを養うために昼も夜も働いていたと記憶している。その末っ子が俺。中学生の頃から外食が増えて、いつもたきたてマックというお弁当屋さんで惣菜や弁当を買っていた。チキン南蛮とコロッケのお弁当が好きだった。たきたてマックの弁当は唐揚げや白身魚フライが盛り沢山で、すごく茶色くてすごくうまい。毎日のように通い詰めた。でも、高校に上がってからは似た環境の友人と適当なファミレスやコンビニに行くようになり、気づけばほとんどの食事をチェーン店ですませるようになってしまった。思春期特有の、大人ぶった行動だったのだろうか。なぜあんなにファミレスに行っていたのか全然覚えてない。それから何年か経って思春期も抜けてきた頃、突然また、たきたてマックに行きたくなった。

家からチャリで10分くらい。店の前につくと、完全に下りきった古いシャッターに「閉店」と書かれたペラペラの紙が貼ってあった。紙に書かれていたのは常連客へのお礼と閉店の日付だけで、理由は特に説明されていなかったけど、俺がもっと来ていたら閉店しなかったかもしれないと思った。当時は友人と集まってファミレスやコンビニに行ってばっかりで、うまくもなければ安くもない、買いやすい飯ばかり食べていた。「セブンはいいけど、サンクスはダメ」とか「あそこのローソンの店長は愛想が悪い」とか、ミクロ単位の細かいことを大げさに批評する同級生の意見をはあ、そうですか……と聞いていて、どんどんコンビニにくわしくなっていった。

本当はコンビニなんか全然興味なくて、通う理由は「ただなんとなく」だったと思う。それすら覚えてないくらい、薄い気持ちで食べていた。

あの頃みんなを説得して、大勢でたきたてマックに通い詰めていたら、何倍もおいしくて何倍も茶色い弁当が食べられたはずだ。どうせ俺の同級生も茶色い弁当が好きだったにちがいない。

店が閉まった理由は今も知らない。もしかしたら誰もどうにもできないような理由かもしれないけど、たとえば経済的なことが理由なら、単純にもっと多くの人が買えばよかったということになる。やりがいや気持ちの問題なら、変にツッパったりしないでもっと愛情を伝えていたら、なにか変わったかもしれない。悔しい。こういうことが人生のうちに何度かあって、俺のエネルギーは「なんとなく」で使っちゃだめだと思った。この思いを忘れないために、マイソフトバンクのメールアドレス変更画面を出して「takitate_mac」と入力した。何年か前に格安ＳＩＭに乗り換えたからこのアドレスは消えちゃったけど、いまはgmailにドメインを変えて、takitate.mac@gmail.comというアドレスをいまだに使っている。この熱い気持ちも変わってない。

思うに、当時の俺たちがコンビニやファミレスに行っていたのは、店がなんとなく行きやすいようにできているからである。通りやすい道の路面にあって、目につきやすい明るさで、外装がきれい。外からでも中の雰囲気がほどよく見えるようになっていて、なんだか入りやすい。人間は、明るいお店に惹かれてしまう。

コンビニは見やすい棚に取りやすい量が陳列されて、支払いやすい金額で売ってある。左回りに歩くといつの間にかカゴがいっぱいになっていて、別にほしくないものも買ってしまうようになっている。

人間工学だか行動経済学だかよく知らないけど、そういった専門知識や膨大なデータによって、人間の心理や行動習性は研究されまくっている。言葉遣いやBGMのテンポ、看板の色、トイレの位置も、なにからなにまで緻密に計算されていて、とにかく買いやすいお店ばかりが増えている。お金が足りなければカードでもSuicaでもスマホでも払えるし、店内のATMで引き落としたっていい。

こういう「お金を使わせるための工夫」は、どこにでもある。俺だってWEBメディアを作るにあたって、読者が最後まで読みたくなる構成や、関連記事まで読んでもらえるような文言を考えるし、クリックしやすいようなボタンや、目が疲れないような文字色の工夫もした。

全く工夫のない商品はよさも伝わりづらいし、なかなか手元まで届かないから当たり前っちゃ当たり前だけど、その商品の中身が見えなくなるまで厚化粧された商品はうれしくない。

はっと気づくと、まるで中身のない物や大して好きでもない物ばかりにお金や時間を使ってしまっていて、本当に好きな物を買う余裕はみるみるなくなり、またもたきたてマックが潰れちまう。

日常的にこんな買い物ばかりしてたらいくら働いてもお金は足りないし、満足な生活も送れない。平日の昼は忙しすぎて病院も役所も行く暇ないし、転職先を調べる時間もない。悪いサイクルから抜け出したいけど引っ越しするには時間もお金も足りなくて、引っ越せるとしたら来年か再来年。街はコンビニとイオンに埋め尽くされてどんどん便利になっていくけど、ぬかるみにハマっているような感覚もある。

コンビニに売られている商品は、ほぼ全てに糖質かアルコールかカフェインかニコチンのどれかが入っていて、どれも依存性があるものばかりだという話も聞いたことがある。選んでるつもりが、選ばされているのかもしれない。

効率偏重の大型スーパーばかりが増えていくけど、その効率は俺たちの暮らしの質がよくなるための効率じゃなくて、お金をより多く、より早く増やすための効率だ。

このくそつまらない未来を「ぶち壊す」にはお金のシステムに大きな革命が必要かも

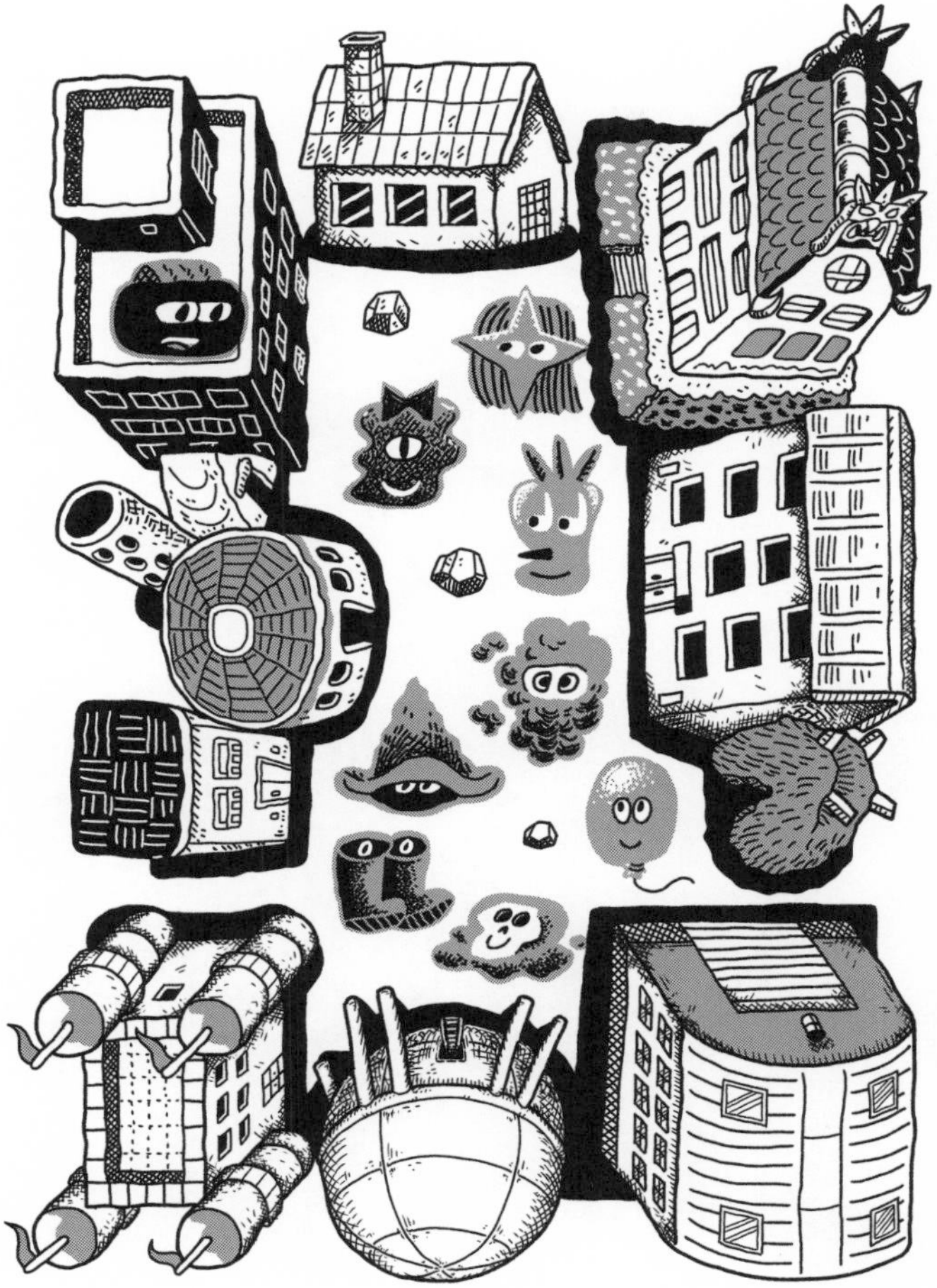

しれないけど、「変える」くらいなら俺たちひとりひとりの暮らし方でなんとかなるんじゃないかと思っている。

東京は一部の高級住宅街や一部の商店街を除いて、ほとんど全て、どこに行っても四角いビルとマンションに埋め尽くされている。俺は東京で育ったからおもしろい人や好きな場所もたくさん知っていて、お金をかけずに遊ぶのもうまい。なんだかんだ世界一大好きな街ではあるんだけど、効率重視で色のない景色をずっと眺めていると、悲しくなっちゃうときもある。

個人的な好みで言えば、インドのバラナシで見たカラフルで尖った街並みや、中国の老街みたいな古くて重厚な街並みが好きだ。俺の出生地である埼玉県川越市の蔵造りの街も結構好きだ。

東京で初めて借りた部屋は、好きな建築家の梵寿綱さんが作ったマンションだった。外壁には大きなペガサスが付いていて、入り口には巨大な女神像がある。かっこいいステンドグラス越しの青い光の下を通って、めちゃくちゃ重い鉄の門を開けて家に帰る。最高。こういう個性的な建物で街中が埋め尽くされてほしい。そのためには、まず自分が住むしかない。

お金はよく、血液にたとえられる。血のよく通う場所はどんどん活気が出るし、成長する。理論上、イオンに行く人が増えればイオンが増えるし、八百屋に行く人が増えれば八百屋が増える。同じように、ペガサス付きのマンションが人気になれば、ペガサス付きのマンションが増えるはずである。うまく競争が起きれば、麒麟がくっ付いたマンションや、龍が絡みついたマンションも建ってしまうかもしれない。

野菜を買うなら好きな農家の野菜がいいし、服を買うなら好きな友達が作った服がいい。同じように、マンションを借りるのだって好きなマンションを借りたほうがいい。

投資っていうのはそういうことから始まる。たとえば矢沢永吉さんを応援したければ、E.YAZAWAって刻まれたタオルを買うべきだ。E.YAZAWAのタオルは5000円くらいするのに、ものすごくたくさん売れている。ライブの最後にみんなで投げて、次のライブでまた買う。

矢沢永吉さんは昔、信用していた人たちに裏切られて35億円の借金を抱えたことがある。さすがに終わりなんじゃないかって囁かれたこともあったけど、タオルの売り上げやとんでもなく豪華なディナーショーで借金を完済して、今もアーティスト活動を続けている。矢沢ファンは熱狂的で、ライブが生きがいみたいになってる人も知ってる。彼らがタオルを買って投げて買って投げてをくりかえしてきたから、今もライブを観ることができる。

そういう意味では、矢沢ファンのみんなは非常に優れた投資家集団だと言える。

実は株式投資もおんなじで、好きな会社に投資すれば、好きな会社の力になる。自分ひとりではほんの小さな力だけど、それは選挙の投票と同じようなものだ。

こうやってあらゆる買い物に意志が乗って、全ての消費、全ての貯金が投資になれば、つまらない街、つまらない社会、つまらない未来も変えていけるはずだ。

無意識な消費と、優れた消費者

「そんな余裕ない」って人もいるかもしれないけど、よほどのことがない限り、余裕は生み出せると思っている。今俺は福岡県福岡市に住んでいる。自分になにが必要でなにが不要なのか考えた結果、ながく住んだ東京を離れてたったひとり福岡に引っ越すことに決めた。

福岡の家賃は東京の半分か3分の1くらいだ。今の家は20畳のワンルームで、家賃は5・5万円。窓の外には10畳くらいのルーフバルコニーが付いていて、野菜を育てたりひなたぼっこしながら本を読んだりできる。

中心地の天神駅から徒歩15分くらいで、最寄駅の薬院駅ならば歩いて5分もかからない。

東京でたとえるなら、めちゃくちゃきれいなミニ渋谷から徒歩15分、生活感マシマシの神泉から徒歩5分といった感じ。青葉台4丁目くらいのイメージだろうか。車が必要ないどころか、自転車がなくても困らないくらいには立地がいい。外壁はサーモンピンクで、同じ建物に古着屋や美容院が入っていて雰囲気も明るいので結構気に入っている。でももう引っ越しが決まっていて、次は緑色のかわいいアパートだ。こっちの家賃は2・5万円。今の部屋よりは狭いけど、キッチンも広いしテラスもある。

東京で育った自分からすると、ちょっと異常な安さだが、今の俺が必要とする条件は充分に満たしている。日に日に自分にくわしくなっていて、求める物や要らない物がたくさん見えてきた。今の自分にとって、あればあるほどうれしいのはヒマな時間で、お金は一定量あればいい。一定量っていうのがどれくらいなのか昔はあんまりわかってなかったけど、今は結構はっきり把握できている。生活のランニングコストを下げることは余暇を増やしたり、質を上げることにもつながるわけで、家賃は安いほうがいい。

ヒマな時間があれば自分で買い物に行って料理できるから、お金をかけずにおいしいご飯がゆっくり食べられる。それでもヒマなら魚釣りしたり野菜作ったりもできるし、こうやって思いついたことを本にしてみたりしてもいい。

家賃や通信費や保険みたいな余計な固定費が減ると、びっくりするくらいお金が貯まる。お金が貯まれば、非効率的なことに使える余裕も増える。食材を少し高いものに変えてもいいし、心がほっこりする絵や写真を買ってもいい。俺は結構お花を買う。

逆に、もっと仕事を減らして好きなことに使える時間を増やしたっていい。

経済学において「優れた消費者」というのは、たくさんお金を使う人やお金を貯めるのが上手な人ではなく、自分の選好《せんこう》を把握している人だとされている。選好っていうのは、なにが好きでなにが嫌いかってことだ。自分の選好を完全に把握している人は、なにをいくつ買えばどれくらいの満足を得られるか事前にわかる。

たとえば、メタリカTシャツとジャスティン・ビーバーTシャツが同じ価格のとき、どちらを買ったほうが満足感が高いかは比較的簡単に判断できるが（個人的に正解はメタリカ）、メタリカTシャツ1枚と無地のTシャツ10枚セットが同じ価格だと、少しむずかしくなってくる（こちらも正解はメタリカ）。

でも俺みたいに自宅にすでにメタリカTシャツが8枚ある状態ならまた話が変わってくるし、収納の空き具合や季節、天気にもよる。恋人や職場から「そのドクロやめて」って言われて突然価値が減ることもある。また、比較対象がTシャツ同士とも限らない。ときには家電と比べなきゃいけないときもあるし、車と比べるようなときもある。

そんなときは、1円あたりの満足度を考えてみる。たとえば100円のチョコモナカジャンボで100満足ポイント（以下、MP）、300円のハーゲンダッツで150MP得られる状況にあるとする。この場合、単純な満足度ではハーゲンダッツが1・5倍高くなるが、1円あたりの満足度ではチョコモナカジャンボが2MP、ハーゲンダッツが1MPとなり、チョコモナカジャンボが上回る。チョコモナカジャンボ好きだなあ。

数年前までソフトバンクのスマホを利用していて、通信費に毎月1万円近く払っていたんだけど、DMMモバイルという格安SIMに変えてからは月2000円以内に収まっている。もう何年も使っていて特に不満もないので、1万円分のMPを2000円で得ていると言ってもいい。1円あたりの満足度が5倍になった。今はBIGLOBEという会社のSIMカードを使っていて、こっちはさらに安いし通信速度も充分だ。

このように1円あたりの満足度を上げていけば、年収が低くても充分に満たされた生活が送れる。もし全ての買い物の満足度が5倍になれば、年収200万円でもかなり贅沢な生活が期待できる。1000万円稼ぐよりは努力が要らないし、かなり現実的だと思える。

うちのタオルはほとんど貰い物のバンドグッズでE.YAZAWAのやつは1枚もないけど、矢沢ファンたちと同じような気持ちで買い物するときもある。よくある。特に本や絵や新品のCDを買うときは、少なからず応援の気持ちがある。誰もが役に立つものしか買わない場合、アートで食える人はいなくなる。そうなれば、俺の地元みたいなくそつまらない街並みが一気に広がってしまうだろう。

野菜を買うときや包丁や鍋を買うときも、借りる家だってお金の向かう先を意識する。これは投資のスタート地点で、ゴールでもあると思う。投資の真髄は生活の中にあり、この姿勢が日常に溶け込んでいけばくそつまらない未来だって少しずつ変えていけるはずだ。

ひとりひとりが投資家になる

投資家という肩書きで活動していると、面と向かって、ずるい、汚い、などと言われることもある。「金の亡者」とか「金貸して」と言われるのも慣れた。言ってる人は冗談のつもりなんだろうけど、悲しいことではある。言われてムカついたとか、そう思われてつらかったというわけではなく、自分が思い描く未来への遠さみたいなものを感じて、悲しい。

多くの人が無意識に、お金は奪い合うもので、汚いものだと思い込んでいるような気がする。投資家って名乗るようになってから、余計にそう感じる。これがすごく根深い。SNSでお金にかんすることをつぶやいて、昔の知り合いからフォロー解除されるようなこともある。逆に、うさんくさい青スーツでキモいクラッチバッグを小脇に抱えたFXなんとか投資家やブロガーみたいな人がめちゃくちゃフォローしてきたりもする。なんで株やFXやるのに青スーツ着る必要があるのかわからないけど、賢い金持ちマンのコスプレをしているんだと思ってる。そういう意味では、金持ちのイメージっていうのは、たしかにキモい。この金持ちコスプレ系の人たちはなんかすり寄ってくる感じとかもキモいし、話を合わせようとしてくるけど噛み合わなくて居心地が悪い。ああいう風になりたくないのはめちゃくちゃわかる。

めちゃくちゃわかるけど、それはお金が汚いんじゃなくて、単純にその何人かが汚いだけだ。ちょっと言いすぎたかも。ごめんなさい。

思うに、お金は汚くもなければ、ありがたい物でもない。特別嫌う必要もなければ、信仰するようなものでもない。たくさん持っている人がえらいとか、卑しいということもない。

それに、全ての投資家が金の亡者というわけでもない。現に、俺の投資活動のリターンはお金だとは限らない。場合によっては、投資額より減って返ってきたとしても満足なときだってある。

未来がどうなっていたらうれしいか考えて、資産運用が未来の役に立つと思えるなら、それもでかいリターンになる。街が生き物ならお金は血液みたいなもので、俺たちは心臓や血管になっていい街を作るためのいい投資家になることができる。街なのか国なのか地球なのか、枠は各自で決めればいい。なんにしろ、いい未来を作るためには俺たちひとりひとりがいい投資家となることが手っ取り早い。

投資家になるということ

不景気も格差も全てが政府のせいにされがちだけど、不景気は銀行の責任のほうが大きいのではないかと考えている。でも、なによりこの社会を作って地球をガリガリ削っているのは俺たち自身でもあり、誰かを批判して罵倒すればすむような段階はとっくに過ぎていると感じている。国や企業だけじゃなくて、俺たちひとりひとりにも社会的責任があって、消費者や投資家や一個人として自立して歩くために、取り急ぎ自分の生活から変えなくちゃいけない。

宮大工の西岡常一さんの本に書いてあったけど、昔はおじいさんが家を建てたらそのときに木を植えていたらしい。建てた家を大事に使って、植えた木が育つまで持たせる。自然と共存して、物を使い捨てにしない考え方が少し前まであったという。

樹齢２００年の木を倒して家を作るなら２００年持つような家を作るし、２００年後にまた家を建てられるように木を植えた。自然に寄りかからない、自立したスタイルだ。こんな爺さんに俺はなりたい。だからといって、里山に土地でも買って自給自足でのんびり暮らしを送ろうみたいな話じゃない。

俺はバンドもやりたいし、友達に囲まれて暮らしたいし、文章も書きたいし読まれたい。きれいな道路の上で自転車やスケボーに乗って、自分で選んだ八百屋や魚屋に通い、古くても丈夫な服を着て、いい店やいい会社を増やすことにエネルギーを注ぎたい。だからこれからも都市生活は送り続けるけど、できる限り大量生産大量消費には加担したくないし、排気量の多い車にも乗りたくない。また、銀行や政府や保険会社ともなるべくかかわりたくないと思っている。

少し前に、ヤマコンファンと名乗る人から「バンドが売れたら投資やめますか？」って聞かれたことがあった。売れないバンドマンとか、投資家ってものの世間的なイメージがギュッと詰まった、すごい質問だと思った。

自分にとってはバンドも投資も自分の人生の一部で、嫌々やらされていることはひとつもない。投資もブログも音楽も釣りも旅行も料理も、全てが遊びであり生活の一部でもある。

茶道に没頭していた江戸時代の貴族は、生活の中で当たり前に行われていた「お茶を飲むこと」の中に含まれている文化的な断片を、芸術の域まで高めて遊んだ。

投資はお茶ほど自然に近いものではないかもしれないけど、お金とほぼ同時に生まれたもので、資本主義社会においてなくてはならない要素のひとつではある。俺は投資の中にも文化性の断片を見つけていて、「投資道」だって生き方として充分魅力的なものにもなると思っている。

これは減速主義のスローライフみたいな既存のスタイルじゃなくて、「投資家パンクス」という新しいサブカルチャーの提案でもある。とはいえ、無理にすすめるものではない。

くそつまらない未来を変えるために投資が使えるとしても、俺たちの目的は限られた人生を可能な限り気持ちよく楽しく生きていくことであって、くそつまらない未来を変えること自体が目的なわけではない。

投資を始めることで将来が不安になるような資産形成になったり、今の生活の楽しみが減ってしまうようなら、元も子もないと思っている。

こすられまくったたとえを使うなら、勇者の目的はみんなが平和に暮らすことであって、魔王を倒すことではない。倒さなくていいなら倒さなくていいわけで、別々のところで暮らすとか、説得するとか、いろんな選択肢もある。

投資だって楽しく暮らすために必要ならやればいいし、なにかを著しく消耗するようならやらなくてもいい。

でも、特別な影響力や発言力を持たない自分がくそつまらない企業たちに背を向けて好きな企業を応援していくには、株式投資のシステムを使わざるを得ない。それに、俺は投資を生活に取り入れることで以前よりも将来に対する不安がなくなったし、お金について苦しく悩むようなこともなくなった。

自分の倫理観に背いたり、自然や他人に過大な負荷をかけることなく、良好な人間関係を持ち、健康で、安全で、余暇を愛せる生活を送りながら、未来に希望を持って生きるために、大いに役に立っている。また、投資は多くの人にとっても有用なものではないかと考えている。

もし手元にお金が余った場合、貯金するか、浪費するか、投資するか、寄付するくらいしか選択肢がない。お父さんやお母さんからは「将来のために貯金しなさい」といわれるかもしれないけど、自分にとっての将来ってなんだ？　って話でもある。

働いて稼いで余ったお金というのは、自分が過去に生み出したエネルギーの一部みたいなものだ。だからエネルギーの行き先は自分で決めていい。

日本人の家計の金融資産は１８００兆円くらいあって、その半分以上は銀行預金になっている。投資に回されているのは全体の10～15％程度らしい。

なるべく大きな会社に就職して、銀行預金をコツコツ増やして、小さくても新築の家を建てる。これが堅実で誠実な大人のやることで、投資はギャンブラーの遊びみたいなものだと思われている。

投資は学校で習わないし、親や上司も教えてくれない。ほとんどの人は「お金持ちやずる賢い人たちがやる特別な行為」だと思っていて、自分には無関係だと決め込んでいる。やたらと投資をすすめてくる人はきっと詐欺師だろうし、投資家なんて名乗っている人は全員怪しい。

これは世間の間違った思い込みとかじゃなくて、かなり事実に近い。ただ大きく間違っているのは、貯金なんか堅実でもなければ、誠実でもないってことだ。

俺たちの貯金は戦争に行かされているかもしれない

くそつまらない店で買い物すればくそつまらない街に一歩近づくし、くそつまらない政治家に投票すれば、くそつまらない国に一歩近づく。同じように、くそつまらない企業の株を買えばくそつまらない社会に一歩近づくだろう。株や投資信託を買ってないという人も、他人ごとではない。

たとえば、クラスター爆弾という爆弾がある。広大な範囲に小さい爆弾を撒き散らす非人道的な兵器で、発射された地域にいる人は軍人であれ民間人であれ、無差別に犠牲になってしまう。犠牲者の98％は民間人で、ほとんどが子どもだというデータもある。個人的には銃も戦闘機も全部嫌だけど、このクラスター爆弾や核兵器、地雷なんかはひとつ残らず全部なくなってほしい。日本はクラスター爆弾禁止条約（オスロ条約）に加盟していて、ほかにもカナダ、イギリス、フランス、ドイツ、イタリアなんかが加盟してる。一方で、アメリカ、ロシア、中国、インドなど、加盟してない国もたくさんある。日本で平和に暮らしている俺たちにはあんまり関係ないと思うかもしれないけど、そうでもない。

２０１7年の5月、国際ＮＧＯのオランダＰＡＸが、クラスター爆弾の製造企業への投融資を行う投資家、金融機関にかんする分析レポート「Worldwide investments in CLUSTER MUNITIONS -May 2017 update」を発表した。この中で、日本の金融機関はクラスター爆弾製造企業への投融資額が大きいと批判されていた。ＰＡＸは、金融機関の資金提供がクラスター爆弾の製造を継続させているとして、金融機関に投融資停止を呼びかけている。

このリストに載っていたのは、第一生命保険、三菱ＵＦＪフィナンシャル・グループ、オリックス、三井住友フィナンシャルグループの４社。３大メガバンクのうちふたつがラインナップされている。三菱UFJフィナンシャル・グループは同年12月にクラスター爆弾製造企業に対する融資をやめたけど、自分の貯金が知らない間に戦地に行っていて、民間人を爆破するために使われていたとしたら、それは非常に気分が悪い。

みずほ銀行やゆうちょ銀行はPAXのリストには載ってなかったけど、たとえばゆうちょ銀行に預金した場合、間接的に80％以上が日本国債の購入に充てられる。日本国債の約10％は米国債の購入に充てられていて、アメリカの国家予算の20％が軍事だとすると、80％×10％×20％で、ゆうちょ銀行に入れたお金の約1・5％はアメリカの軍事費にまわっていることになる。個人的にはだいぶキツい。

今はこれを完全に避けることはほぼ不可能な仕組みになっていて、ある程度は仕方ないかもしれないけど、お金の運用について自覚的になる意味では重要な情報だ。俺たちのお金は、気づかない間にくそみたいな未来を作る助けになっていたりする。あんまりにも神経質になると生きづらくなってしまうけど、健康的な範囲で気を付けていきたいことではある。

そもそも、大手の銀行はどこも、金融商品に対する知識がない人たちに向けて窓口や訪問の形で手数料の高い商品を売ったりしていて、かなりギリギリのビジネスモデルだ。

だからといってバッシングしてもどうにもならないことは知ってるし、こっちまで疲れてしまうので、俺は金融知識を広めることに時間やエネルギーを使っていきたい。

貯金はあんまり堅実じゃない

銀行預金というのは道具としては便利だけど資産運用としてはB級だ。多少の金利がつくとはいえ、この文章を書いている2019年時点でメガバンクの普通預金の年利は概ね0・001%で、100万円預けても年に10円しか増えない。

「無リスク資産」なんていわれている銀行預金にも本当はいくつかのリスクがあって、特に「インフレに弱い」という点は無視できない。インフレというのは物価があがること。生活費も高くなるけどお給料も高くなる。日本は今真逆のデフレ状態で、ゆるやかなインフレを目指して黒田さんがバズーカを撃っている。

物価を制御するのはすごくむずかしくて、失敗するとハイパーインフレと言われる無茶苦茶な状態になってしまう可能性がある。

たとえ物価が10倍になったとしてもお給料も10倍になれば生活は変わらないと思うかもしれないけど、銀行預金まで勝手に10倍になるわけではない。ランチ7000円でも給料が３００万円ならよさそうに思えるが、「車を買おう」と思って去年死ぬ思いで貯めた１００万円は、車どころか原付も買えるかわからないくらいの価値しか残ってない。このように、インフレが来ると銀行預金の価値が縮んでしまう。

物価10倍なんてあり得ない話じゃなくて、たとえば２００８年のジンバブエのインフレ率は2億％以上だった。つまり、去年は５００円で買えたものが10億円になるってことだ。ランチを食べるにも大量の札束が必要で、とてもお金が機能している状態とはいえない。

ハイパーインフレはここ30年の間だけでもアルゼンチン・ブラジル・ロシア・トルコなどいろいろな国で起きていて、決して他人ごとではない。

あと、銀行預金のもうひとつのリスクは、銀行自体の破綻リスクだ。日本には預金保険制度があって、預け先の銀行が破綻しても１０００万円までは保護される。でもそれを超えた分のお金が返ってくるかどうかは倒産時の銀行の余力次第だ。

それに、守られた１０００万円だっていつ下ろせるかはわからない。すぐに下ろせる仮払金は１口座につき60万円までと決まっている。

銀行の破綻だってあり得ない話ではない。２０１０年には日本振興銀行が経営破綻している。このとき、日本で初めてペイオフ（預金の払い戻し）が発動した。日本振興銀行のケースでは1000万円を超える預金は一律58％しか返金されなかった。

仮に1600万円預けていたなら、1348万円（600万円が348万円に減った）。もし1億円預けていたとすると、6220万円（9000万円が5220万円に減った）ってことになる。想像しにくいけど、現実に起きた出来事だ。しかもそんなに昔じゃない。

第6章

投資を使ってできること

い。

世の中にはいい会社がたくさんある

銀行預金がダメだからといって、無駄遣いやパチンコや宝くじをすすめるわけではない。

実は世の中にはいい会社がたくさんあるので、自分が本当にいいと思える商品や、応援したい会社の商品を買っていくことをおすすめしたい。

たとえば、俺はトマトジュースでお馴染みのカゴメが好きだ。カゴメは日本の食料自給率を上げようとしていて、農家の新しい雇い方にも挑戦している。引越しの挨拶のときや、お歳暮のときはカゴメのギフトを贈るようにしている。

ほかにも、食品トレーメーカー大手のエフピコという会社も好きだ。社会福祉に対して非常に素晴らしい働きかけをしている。２０１９年９月時点で、エフピコ社内の障がい者雇用率は13・６％。３５９人が働いている。

法定雇用率の２・２％を超えることすらむずかしい企業が多い中で、ずば抜けた割合だ。採用対象のほとんどは重度の知的障がいを持った社員で、彼らはエフピコの重要な事業であるリサイクル部門においてほかの社員以上の集中力を持っていて、主戦力としていきいきと働いているという。

必要とされる場所があり、自分の力が発揮できて、それに対して気持ちよくお金を払ってくれる会社がある。それだけで本人たちも、家族も、きっと想像以上に多くの人が幸せになれる。

そして「障がい者の雇用問題」という大きな問題に対して自分たちの力で立ち向かっている会社があるということに、俺自身も大きな勇気をもらっている。こんな企業が増えたら、障がい者の法定雇用率なんてものは必要ない。

そういう意味では、いつも「国がちゃんとしろ！」って思ってしまうような問題も、俺たちの仕事や活動を通して一個ずつひっくり返していけるのかもしれない。Anyone can do it って感じだ。しかもめちゃくちゃ Do it yourself でもある。つまり俺の思うパンクロックと一致する。

俺たちパンクスこそ、エフピコのような会社を応援していくべきじゃないかと思う。

とはいえ、トマトジュースならまだしも、食品トレーなんか買い占めてもしょうがない。そこで、株を買うという選択肢が出てくる。株を買って長期保有することは、間接的にエフピコの力になる。

「大企業」や「株」って言葉だけでもうアレルギー反応が出てしまう人もいるかもし

れないけど、わけのわからない大量消費に加担したり、無駄遣いに投じれば投じるほど未来はくそつまらなくなっていくし、くそみたいな銀行にお金を入れたまま眠らせていたら、社会はますます自分たちの手から遠ざかってしまう。

これは選挙の票を誰かに売ってしまうくらい悪いことかもしれない。それに、お金フリークの人たちだけが投資をしていたら、世の中はお金フリーク好みの社会になる。

生活の豊かさは自分の身体を動かして農耕や狩猟で獲得してもいいし、お金を稼いで購入してもいい。本当にどっちを選んでもいいと思う。でもお金自体が目的になっていたり、稼いでいるお金の量で人を格付けするような人とは話が合わないのであんまりかかわりたくないし、そんな価値観で世の中が染まっちまったらかなりきつい。

俺は世界15か国以上をまわって、東京や福岡やタイに住んだりしていろいろな暮らしに触れてみたけど、お金があろうがなかろうが、幸せな人は幸せだし、かっこいい人はかっこいい。「清貧か汚い金持ちか」なんて一本線に考えられるほど世の中は単純じゃない。お金がなくて嫌な奴もいるし、素敵なお金持ちだってたくさんいる。

「貧乏人vs.お金持ち」みたいな構造で争うのはカクサの思うつぼだ。もっと多角的に、いろいろな豊かさがあるって認めた上で、自分の生き方を選んでいきたい。

俺は社会を大きく動かせるほどのお金は持っていないけど、毎月8万〜10万円くらいの生活費で楽しく暮らせていて、それを上回るくらいの収入はある。今はこの余った部分を投資に回していて、自分はこれをパンクだと思っている。少なくとも、パンクと投資は矛盾しないと考える。

世の中を変えたいならば、選挙や政治について考えることも重要だけど、それだけじゃない。日々の買い物や投資だって、同じくらい重要だ。お金の使い方や働き方、あとは暮らし方を自分でカスタマイズしてベストを尽くせば、なにもしない未来よりは明るい未来が作られていくはず。

社会にインパクトを与える投資

よりよい社会のために投資を使うっていう発想はすでにあって、21世紀に入ってからものすごい勢いで大きくなっている分野でもある。

たとえばESG投資。ESGはEnvironment Social Governanceの略で、それぞれ環境・社会・社内統治を意味している。簡単に言えば、オセンやカクサと戦う企業に投資していくという姿勢のことだ。

ＥＳＧ投資は、金銭的な利益と社会の改善をバランスよく実現していて、うまく社会に溶け込んでいる。２０１８年の統計では世界で３４００兆円以上がＥＳＧ投資に投資されているらしい。

ＥＳＧを意識している投資家は、社会や自然、そして社員に無理をさせることなく、持続可能性についてきちんと考えられたビジネスを評価して投資する。

資源を限界まで搾り取るビジネスや、社員の身体や心が壊れるまで使い倒すビジネスは、結局なにかによりかかって立っているようなもの。そんなことを続けていたら、いつか必ず無理が出て倒れてしまう。少なくとも俺は、そんな企業には投資したくないと思っている。

これは感情的な問題だけじゃない。社内統治がきちんとされていない企業は頻繁に不祥事が起きるし、不祥事が公になれば株価に大きなダメージを与える。

環境問題や社会問題も、俺たちが真剣に向き合っていかなきゃいけない問題で、たとえば発電の仕方が環境に負荷をかけているとするならば、電気の使用量を減らすなり、新しい発電方法を考えるなりしなければならない。

あまりに事態が深刻ならば、なんらかの法的な制限がかけられるかもしれないし、消費者から不買運動が起きる可能性もある。どちらにせよ、寄りかかっている企業たちには深刻なダメージが生じることになる。

俺たち個人投資家のほとんどはサラリーマンやフリーターや主婦・主夫などで、投資だけで生きていける人はあんまりいないし、投資だけして生きていこうとも思ってない。ほかにもやることがたくさんあって、株価ばっかり気にしてはいられない。

まだまだお金が流行ってるから、暴落したときにたくさん買って、いつか崩壊が起きるまでに売りさばくチキンレース！ みたいなつもりで投資をしている人たちが主流だけど、そんな気持ちだと運用結果が気になって毎日気が気でなくなってしまう。仕事中もお昼休みも、いっつも株価を気にしてしまう。

先日、お寿司屋さんのカウンターで隣になったスーツの男性は、ずっと株価を見ながらお寿司を食べていた。そこのお寿司は高くないけど、ちょっと感動的なレベルでうまい。俺が20代の前半からエクセルにつけ続けている「ネタ別 好きな寿司屋リスト」でも高級店を押しのけて3ネタがランクインしている。

その男は終始無表情だった。なんならちょっとつらそうな表情でお寿司を食べ続けていて、めちゃくちゃ余計なお世話だけど「ああ、その穴子、めちゃくちゃうまいからお口に集中したほうがいいですよ!」って横から言いたくなった。仮にその男が株で勝って大金持ちになっていたとしても、あの穴子が味わえないようじゃとても成功だとは思えない。いや、本当に余計なお世話なんだけど。

投資で遊んでるだけの人たちはそんな状況も楽しめるんだろうけど、俺にとって投資は手段であって目的じゃない。できることなら銀行預金と同じくらいほったらかしにしておきたい。その上で、ESG的な投資は有効だ。

環境や社員を食いつぶしながら巨大化する企業はいつか必ず終わりが来るけど、環境や社会と共存できる形で成功している企業なら長続きするイメージも湧きやすい。多少値下がりしたとしても長期的に上がると思えるなら、余裕を持って放置できる。

なにより、自分がいいと思った会社に投資しているという動機自体が長期保有の助けになる。

ちなみにESG投資っていうのは、よりよい社会に向かって投資をするためのひとつの指標にすぎなくて、調べてみるとほかにもSRI=Socially Responsible Investmentとか、CSR=Corporate Social Responsibilityとか、いろんな言葉が出てくる。よい社会と一口に言っても、一体どんな社会が「よい社会」なのかは人によってさまざまなビジョンがあるはずで、いろいろなスタイルが存在するのは自然なことだ。

ほかにも、欧米にはソーシャルバンクという種類の銀行がある。

普通の銀行は、より多くの利益が得られそうな人や企業に融資する。その会社がクラスター爆弾を作っていようが、市民の健康を損ねるような企業だろうが、お金が増えて戻ってくるなら融資してきた。利益が利益を呼んで暴力的なくらいバカでかくなった銀行がいくつもある。

一方で、ソーシャルバンクはいい企業にしか投資しない。ざっくり言えば、みんなから預かったお金を環境や社会に配慮した事業に融資する銀行だ。いい企業の概念はソーシャルバンクごとに指針があって、ホームページを見るときちんと書いてある。イギリスの生協銀行や、オランダのトリオドス銀行など、比較的大規模なものもある。

トリオドス銀行は再生可能エネルギー、無農薬農業、フェアトレードといった社会的企業に対して積極的に融資しているほか、環境に有害な事業や、核や武器開発にかかわる企業へは融資しないという決まりがある。公式サイトやブログでは、具体的な融資先や環境への働きかけに関する情報を発信している。

日本国内にも地域の課題や地域資源の活用にかんする企業に積極的に融資するＮＰＯ

バンクと呼ばれるものがいくつかあるけど、こちらはあくまで非営利で、基本的に出資者に対する金銭的なリターンはなく、元本の保証もない。また、お金を預ける際や払い戻す際にはある程度の手続きが必要で、ＡＴＭも使えない。融資を受ける側としてはメリットが大きいけど、我々一般市民が日常的にお金を預ける先としては、あんまりリアルではないのが現状だ。

先ほど例に挙げたトリオドス銀行の場合はあくまで銀行なので定期預金には金利がつくし、普通預金はスマートフォンアプリやパソコンのブラウザで管理できる。また、万が一破綻したとしても、８万５０００ポンドまでは国が保証してくれる。

投資のリスク

日本国内に住んでいてソーシャルバンクが利用できないとすると、選挙の投票のように使えて最もダイレクトに届くのは、株式投資だろう。

株式投資というのは、株式会社が発行した株式を買ったり売ったりする金融商品で、全ての金融商品の基礎とも言えるような、かなり基本的なものだ。

先ほど紹介したエフピコやカゴメといった好きな会社にピンポイントで投資すること

ができるし、外国の株式を取引することなんかもできる。選択肢が無限にあるのでとてもむずかしそうな感じがするけど、仕組み自体は結構シンプルなので意外と大丈夫。

まず、株式会社は木こりの与作と同じで「お金を借りたい」と考えている。数千万円くらいなら銀行や投資家が貸してくれるかもしれないけど、10億円や100億円のレベルになるとむずかしい。

ひとつの企業が10億円借りたい場合、10億円借してくれる人をひとり探すよりも、100万円貸してくれる人を1000人探すほうが現実的だ。

世の中には、多かれ少なかれお金が余っている人たちがたくさんいて、農民の田吾作と同じように資産の預け先を探している。できることなら条件のいいところや、将来に期待できるところ、または好きな会社などに預けたい。

この巨大な与作と大量の田吾作をマッチングするのが株式市場だ。

株式市場には、もうひとつ大きな役割がある。それは、すでに株券を持っているけど手放したい人と、新たに購入したい人のマッチングだ。みんなそれぞれの希望売却額や希望購入額を提示していて、マッチしたときに取引が成立する。こうして、最後に取引されたときの金額が「株価」というやつだ。

株式市場を利用すれば、いちいち借用証書や請求書や領収証のようなものを交わす必要はない。なんとか書士みたいな人を間にはさむ必要もなくて、口座さえあればパソコンやスマホを使って、メルカリやヤフオク！よりもお手軽に取引できる。

投資については、親や学校もほとんど教えてくれない。テレビや街の噂では、危なくて怖くて怪しい物だとされている。

では、現実的にどの程度の危険性があるのか、少し考えてみよう。

株式は「金融商品」の一種だ。お金の持ち方は銀行預金だけじゃない。株式や投資信託、国債や不動産など、さまざまな形の金融商品がある。この貯金や株や不動産の価値の合計額を「資産」といって、持ち方を自分で選んでいくことを「資産運用」という。

銀行預金でも株でも投信でも、どんな金融商品にもそれぞれのリスクとリターンがあって、それぞれが持つさまざまな要因によって価値は増えたり減ったりする。

株式投資とよく比較されるのが不動産投資で、本屋の金融コーナーに行くと「株vs.不動産」みたいな本が並んでいたりする。でも現実的に考えて日本国内の不動産投資なんてものはとっくに終わっているように思える。「家は買うべきか借りるべきか」なんて議論がいまだに交わされているのが不思議なくらいだ。必要に駆られて買う可能性はあるけど「お得だ」と思って買うなら、やめたほうがいいというのが俺の意見。

すでに日本には800万以上の空き家があって、8000の集落が消滅に向かっている。原因はもちろん少子高齢化で、先進国は今どこも少子高齢化が進んでいるけど、その中でも日本はかなりまずい状況になっている。最近は子ども用の紙おむつよりも大人用の紙おむつのほうが生産が伸びているらしい。

欧米と違って日本の空き家には外国人労働者が入ってこないから、これから先も空き家は増え続ける。田舎に行けばタダみたいな価格で手に入る空き家もちょこちょこあるけど、快適に暮らせるまで直すには費用がかかるし、固定資産税もかかり続ける。バスや電車も少ないし、歩いていける距離にはスーパーも役所もなかったりして、自動車かせめて原付バイクくらいは持ってないとかなり厳しい。だから結局お金がかかる。

外国人労働者は以前よりもビザが取りやすくなったらしいけど、ビザに加えて乗り物やその免許まで必要となるとハードルが高い。しかも家族と一緒に移住するとなると、さらにハードルが高くなる。

たとえそのあたりの仕組みが改善されたとしても、街には人種差別が存在している。大人がリンチするようなことはめったにないかもしれないけど、少なくとも就職先やバイト先は限られてしまう。そもそも外国語の空き家バンクや募集サイトもろくに揃ってないのに、ビザが多少取りやすくなっただけで外国人が移住してくるとはとても考えにくい。そう思うと、この先数十年くらいは不動産価値が下がり続ける可能性が高い。日本に空き家が増え続ける限り、平均的に不動産の価値は下がり続けるだろう。

２０１３年から２０１９年現在にかけて、マンションの不動産価格指数は上がってきているけど、これはオリンピック開催に向けて建築業界の人手が不足していることが影響していて、それに付随して建築プチバブルが起きているからだと考えられる。あんまり自然なことではないので、長期的に上がっていくとは考えにくい。

東京都の港区なんかはこれから先も価値が下がらないとか言われていて、投資対象として人気があるけど、これにかんしても俺は怪しいと思っている。もし本当だとしても、資産運用としてあんまり魅力的なものではない。

たとえば、貯金はゼロだけど２０００万円相当の家を持っている家持さんと、家も金もないけど２０００万円相当の外国株式を持っている株郎さんがいる。２人の総資産額は同じだけど、対応するリスクが違う。

日本では一般的に、家持さんのような人のほうがしっかり者というイメージを持たれがちだが、投資家として見ると株郎さんのほうが優れた資産運用である可能性が高い。

家=不動産には火災や破損のリスクがあり、放置すれば傷むし、持ち続ける限り固定資産税や修繕費がかかる。また、その他の要因で価値がなくなることもある。

不動産の価値次第で資産全体の価値が大きく変わるので、家の近くに駅が作られたりすれば価値が大きく上がる可能性もあるけど、さっき説明したとおり、自然にすすめば価値は下がり続ける。

一方、株郎さんが持っているのは外国株式で、日本の不景気や少子化はほとんど関係ない。株価の変動次第ではまだまだ価値が上がる可能性がある。もちろん、反対に下がる可能性もあるし、倒産したら紙切れになってしまう可能性もあるけど、2000万円もあったらいろんな会社の株が買える。仮に20万円相当の株を100種類持っていたとしたら、そのうちの1社が倒産してしまったとしても、影響は100分の1に抑えられる。

それに株式市場には管理者がいて、すぐに潰れるような会社は参加できないようになっている。ストップ高・ストップ安というルールもあるので、なんらかの異常事態が起きても「1日に動ける株価はいくらまで」と決まっている。暴落するにも限界があり、異常な値動きはしにくくなっていて、「一夜にして無一文に!」みたいなことが起きる可能性は限りなく低い。

よほどの天変地異が起きればあり得なくもないけど、そんなことが起きたら銀行預金もタンス預金も国債だって、どうせ全部ダメなんじゃないだろうか。保険だって助けてくれるかわからない。

第7章

投資を始める前に考えること

まずは生活コストの見直しから

株や投資信託を買う前に、生活の中の余計なコストを先に削減しておくことをおすすめする。余計なコストというのは、ひとりで楽しむ寿司代や友達と遊ぶのに使うお金のことじゃなくて、通信費、家賃、保険料みたいな固定費の無駄や、なんとなくの買い物で使ってしまうお金のことである。

ほとんどの人にとっていちばん大きな支出は家賃だ。俺は今福岡県福岡市にある家賃2・5万円のアパートに引っ越そうとしている。駅徒歩7分、12畳テラス付きで、ひとりで暮らすには充分なサイズだ。東京だと幡ヶ谷や代田橋ら辺が好きだけど、このあたりで同じような条件の部屋を探すと家賃は7万円くらいになる。

地方移住って言葉には田舎に引っ込んで穏やかに暮らすようなイメージが勝手についてくるけど、この街はそこそこ都会で、パルコやビックカメラも自転車ですぐの場所にある。反対方向に行けば海も近くて、昨日釣りに行ったらアジが60匹くらい釣れた。仲のいい友人たちと料理して食べまくって、めちゃくちゃ豊かな暮らしを送っている。

俺の場合は福岡にいても東京にいても収入がほとんど変わらないので、福岡にいたほうがお金が貯まりやすい。お金が足りているなら仕事量を減らしてもいい。今はほとんど働いてなくて、塩を作ったり魚を釣ったり、こうして好きなことを文章に書き起こしたりして毎日遊びながら暮らしている。縁もゆかりもない状態でこの街に突然やってきたけど、今は好きな店や好きな砂浜もあるし、親友と呼べるような人も何人かいる。

地元か東京か、みたいな二択じゃなくて、暮らしの中で自分が優先したいものを考え直して、その瞬間の自分にいちばん合った場所に住むようにすると時間やお金の使い方も調子がよくなるし、心も軽くなるかもしれない。

家賃の次は、通信費も見直すといい。スマートフォンのために毎月8000円だか1万円だか払うのはよっぽど金持ちの人か、熱狂的なソフトバンクファンの人たちだけでいい。いくつか前の章にも書いたけど、俺自身もソフトバンクを利用していた時期があって、そのときは月1万円くらい払っていた。2015年から格安SIMに乗り換えて、今は月1600〜2000円程度に収まっている。毎月8000円安くなったとすると1年で9万6000円、5年で48万円ほど浮くことになる。48万円もあれば、結構なんでもできる。株も買えるし、引っ越しもできる。

格安SIMの通信速度に不満を持っている人もいるみたいだけど、俺の生活だとデメリットを感じるようなことは特にない。渋谷駅や新宿駅ではつながりにくくなることがあるかもしれないけど、多少ストレスを感じる程度でなにかに支障が出るほどのレベルではなく、少なくとも48万円に相当するようなものではない。

ドコモやauやソフトバンクの利用料金が異様に高いのは電波利権なんかがかかわっていて、あんまり気持ちいい理由ではない。電波の利用料を国が決めているのは先進国35か国の中で日本だけで、ほかの国は全てオークション方式で決まる。なんだか闇のエネルギーを感じる。あんまりかかわりたくない。

あと、生命保険や医療保険も個人的にはおすすめしない。

世間では「保険に入ること」が「家族への愛」みたいなものに結び付けられていて、保険に入らないなんて薄情だ、というような考えの人もいる。誰かが死んだほうが得をするような、わけのわからない生命保険に入っている人も少なくない。

日本の保険はぼったくり商品が多く、集めた保険料のうち40〜70%が保険会社の取り分だといわれている。つまり、残りの30〜60%を病気になった人や遺族たちで分け合っているわけで、数学的に考えるとものすごく分が悪く思える。

ほとんどの保険会社は手数料率を公表していないけど、手数料率を公表したら保険の売り上げはガクンと落ちることが予想される。かなり無茶苦茶なビジネスだ。金融商品として考えたら、こんなに不透明で非効率的なものはない。

「保険に入っていてよかった」って経験のある人ももちろんいるとは思うけど、世の中には宝くじが当たった人もいるし、競馬で家を建てた人だっている。ちなみに、宝くじの還元率は大体50％で競馬は75％だ。保険は競馬よりも期待値が低く、宝くじで得する確率とそこまで変わらないともいえる。

また、保険は万能じゃないので、適用されないケースも多々ある。がん保険に入っていても心臓病になるかもしれないし、転んで大怪我するかもしれない。一方で、貯金は保険と違ってほとんどなんにでも対応できる。病気や怪我はもちろん、急なリストラからペットの病気、財布の紛失まで、大体なんでもカバーできる。

俺は自分の医療費や葬式代くらいは自分で払えるように備えている。資産の半分以上は株式と投資信託（株式をまとめたようなもの）で運用していて、そのほとんどが海外株になっている。海外株というとなんだか危なく聞こえるけど、俺は全財産を日本国内に集中させるほうが危ないと考えている。

投資で気を付けなければならないこと

このまま資産運用について解説していきたい。資産運用というのは、自分のお金の持ち方を自分で決めることだ。むずかしく考えなくていい。

お給料をもらったらそのまま銀行に預けておくのが一般的だけど、株式や投資信託や国債、貴金属、外貨、不動産なんかに変換して持っておくこともできる。どれをどんな割合で持っておくかは、自分で自由に決められる。

組み合わせによって将来的に資産が増えたりもするし、減ったりもする。未来のことがわからない以上、どうしたら増えてどうしたら減るか正確に予測することはできないけど、自分の資産を頑丈に力強く育てていく方法は考えることができる。

頑丈な資産というのは、なにがあっても簡単には崩れない。

反対に、脆い資産というのは社会情勢や誰かの不祥事で簡単に崩れてしまう可能性がある。

投資には、社会に対する投票のような力があるだけでなく、自分の資産を独立的で力強い資産にする力もある。

ここからは、実際に投資を始めるにあたって基礎となる考え方を説明しながら、資産を強くすることの意味と方法を考えてみよう。

俺たちが投資を始めるために必要なのは証券会社の口座とお金だけ。証券会社というのは、俺たち個人投資家を株式市場とつなげてくれる窓口だ。株は基本的に証券会社を通して買う。今はインターネットがあるので窓口までわざわざ足を運ぶ必要はなくて、口座開設は郵送でできるし、取引もネットで完結する。

証券会社には野村やＳＭＢＣ日興みたいな大手の証券会社もあるし、ＳＢＩ証券や楽天証券みたいなネット専業の証券会社もある。大手の証券会社は、ターミナル駅の前にどデカいビルを建てていて、めちゃくちゃピッシリした人が投資相談に乗ってくれたりする。

一方で、ネット証券には基本的に窓口がなくて、パソコンやスマホの画面から自分で選んで取引する。初めて手を出すのにネット証券を使うなんて不安に思うかもしれないけど、俺は断然、最初からネット証券を使うことをおすすめする。

理由はふたつ。ひとつは、ほとんどのケースでネット証券が安上がりになるから。

たとえばエフピコの株式がほしい場合、株式自体はどこの証券会社でも同じ値段で買うことができる。株式の価格というのは、証券会社じゃなくて株式市場に参加しているみんなが決めるものだ。メルカリやヤフオク！みたいに出品者と落札者がいて、提示した価格で成立したときに取引される。

証券会社はあくまで投資家と市場を結びつける窓口で、どの証券会社からアクセスしても同じ市場につながっているので、どの証券会社で買っても値段は一緒になる。

でも、買うときや売るときには手数料がかかる。この売買手数料は証券会社が自由に決めることができるんだけど、ほとんどのケースでネット証券のほうが売買手数料が安いので、ネット証券で買ったほうがいいということになる。

大手証券の窓口で買うと手数料が数千円かかる場合、ネット証券なら数百円だったりする。同じ商品を同じ時間に同じ量、同じ価格で買うんだから、手数料は安ければ安いほどいい。

もうひとつの理由は、余計な商品の営業を受けないためだ。金融商品を買うとき、できることなら売り手と会わないほうがいい。

株式は証券会社の窓口で買うこともできるけど、窓口にいるのは金融商品販売の達人で、知識量がすごい。知識量がすごいっていうのはいいことだし一見頼りになりそうに見えるけど、証券会社の売り上げは基本的に俺たちから取る手数料だ。投資家にとって手数料というのは確実に発生する損で、なるべくなら払たくない。売り手は手数料がほしいし、俺たちは手数料を払わないほうがいい。両者の利益は正反対の位置にある。

大手の証券会社は何十もの支店を持っていて、必ずと言っていいほどターミナル駅の前に巨大なビルを建てている。日本一店舗数の多い証券会社は全国に120以上の店舗を持っていて、社員も1万3000人くらい抱えている。これだけの巨大な身体を支えるには莫大な手数料を集める必要があって、その手数料を払うのは俺たちだ。

しかも社員の給料は成果によって大きく左右されるので、たくさん手数料を取れた社員は給料が上がるようになっている。特に相手が銀行の場合は厄介。住所氏名年齢と職業、家族構成はもちろん、貯金額や給料、ボーナス、退職金や遺産相続の有無、その他お金にかんする情報のほとんどを握られている。それだけの情報があればかなり緻密な営業がかけられるだろうし、「すみません、今お金なくて」みたいな言い訳も通用しない。

このような理由から、投資を始めるならばネット証券を利用することをおすすめする。バイクを直すときはバイクのプロに相談したほうがいいし、家を建てるなら住宅のプロに相談したほうがいい。でも自分のお金の運用先をお金のプロとかいう奴にまかせるのはおすすめしない。相談自体が有料の投資相談ならまだしも、なぜか無料でしかもそのまま商品を買えるような投資相談はかなり危ない。かといって、独学ではじめてもカモにされたり大失敗する可能性もある。

もちろん、真摯な姿勢で取り組んでくれる販売者やアドバイザーもいるけど、初心者の段階で相手の狙いを見極めるのはむずかしい。このような理由から、投資というもののハードルはめちゃくちゃに高い。

思うに、投資を始めるにあたって最低限知っておくべきことがいくつかあって、それ以外はやりながら覚えればいいし、覚えなくてもいい。最低限知っておいてほしい投資の基本は、これから解説する。

俺が思う投資の基本というのは、株価チャートの読み方とか、今後上がる株の選び方みたいな小手先のものではなくて、もっと根本的な考え方だ。この本に書くことは以下のふたつ。

・リスクは必ず分散すること
・手数料と税金はなるべく払わないこと

リスクは必ず分散する

俺は20歳のクリスマス、生まれてはじめてときめきメモリアルをプレイした。ときめきメモリアルは、90年代に社会現象を起こした恋愛ゲームだ。

メインヒロインの藤崎詩織ちゃんは幼馴染のお隣さんで、容姿端麗、頭脳明晰、スポーツ万能で誰にでも優しい、きらめき高校のスーパーアイドル。ピンクの髪とヘアバンドがトレードマークで、寝るときに羊を数える癖がある。かわいいじゃないか。当時の俺はなんというかピュアだったので、ほかのヒロインたちには目もくれず藤崎詩織ちゃんだけに連絡を取りまくった。放課後一緒に帰ろうと誘って「一緒に帰って友達に噂とかされると恥ずかしいし…」と断られてもメゲなかった。いつかは振り向いてくれると信じて、一途な姿勢を貫いた。

気づくと俺は、ヒロイン全員からとんでもなく嫌われていた。全員である。もちろん、藤崎詩織ちゃんも例外なく、俺のことが大嫌い。恐ろしいトラウマだ。だからこれだけは覚えておいてほしい。

「ときメモと資産運用は、ひとつに集中しないこと」

ひとつの金融商品に集中して投資する「集中投資」はリターンも大きいけど、リスクも高い。

株を買った場合、株価が上がればそれなりのリターンがあるけど、もしその株式会社が突然倒産したらゼロになってしまうリスクがある。一方で、「分散投資」はリターンはそのままに、リスクを下げられる可能性がある。

たとえば個人投資家の兄弟、一郎と二郎がそれぞれ株を買ったとする。一郎は全財産の100万円をA社の株に注ぎ込んだ。

A社の株価は40%上がる年もあれば、30%下がる年もあった。平均的には年間約10%ずつ上がっていって、5年後には160万円になった。でも社長の不祥事で突然株価が半分になってしまった。そうなれば一郎の資産は半額の80万円相当になってしまう。

時を同じくして、二郎はA社とB社の株を50万円ずつ、合計100万円買っていた。A社もB社も同じような値動きをして、5年後にはAB合わせて160万円の価値になった。そのタイミングでA社の不祥事が発覚したけどB社には影響がないので、A40万・B80万円で、120万円相当の資産が残ることになる。

もちろんはじめからB社の株を全力で買っておいたらいちばんいい結果が出るんだけど、A社の不祥事は誰にも予測できないことだった。そもそも、未来を正確に予測する

一/一
一/二
一/百

なんてことは誰にもできない。だからなるべく分散して、リスクに強い資産を作らなきゃいけない。

そのころ、生き別れた末弟の百郎はめちゃくちゃ分散していた。なんと100社に分散して株を購入。5年後には株価が10倍になった株もあったし10分の1になった株もあったけど、資産全体としては160万円相当になっていたとする。この場合、A社の不祥事なんて100分の1程度しか影響しないので、8000円くらいのダメージしかない。159万2000円は残ることになる。

このように、投資先は分散すればするほど「万が一」の影響を下げられる。これは株以外にも言えることで、自分の資産を銀行預金や不動産に集中するのも危険だ。

株式に倒産リスクがあるように銀行預金にはインフレリスクがあるし、不動産には不動産のリスクがある。将来に備えて資産を蓄えるならば、やみくもに貯金するよりも資産全体でリスクを分散させたほうが強い。

俺は投資の力でくそつまらない未来を変えていきたいけど、それが全てじゃない。生活もあるし、家族や友達もいる。仕事は好きなことしかしたくないし、バンドも一生続けたいし、生活にゆとりもほしい。株価なんかにいちいち一喜一憂したくないし、どこかの会社に極端に依存した資産に将来を頼り切るなんて自立しているとは思えない。お金の預け先はなるべく分散して、頑丈な資産を作っていきたい。

個人的な意見だけど、資産の半分以上は海外資産にしたほうがいいと思っている。たとえ今後くそ笑えるおもしろい未来がやって来るとしても、日本経済全体が上向きになるとはちょっと考えにくい。そんなときも、海外の株式や通貨にはほとんど影響がない。自分の資産の半分以上が海外資産なら、日本の不景気もインフレも気にせず暮らしていける。もちろん海外には海外のリスクがあるし、世界中の経済が落ち込む可能性だってあるけど、日本国内だけに偏った資産形成をしているよりは安心感が強い。

手数料と税金はなるべく払わないほうがいい

資産運用には手数料がかかる。大抵の場合は買うタイミングや売るタイミングで取引手数料がかかり、保有する量や期間に対して手数料がかかる商品もある。日本の銀行預金は入金手数料や保有コストがないけど、ATMで出金するときや振込のタイミングで手数料がかかる。株式投資も保有コストがかからないけど、買うときや売るときには手数料がかかる。比較的シンプルな仕組みで手数料は安め。売買手数料は使う証券会社次第で、手数料無料で買える場合もある。

銀行預金や国債、社債で固定金利の場合は買う時点で利率が公表されていて、何年後にいくらの利益が出るかわかっている状態で買う。一方で、株式投資や投資信託の場合は、利益が出る可能性もあるし、損失が出る可能性もある。買う時点で確定している要素が少ない。A社とB社、どちらの株を買うのが得かを事前に知る方法はなくて、もし事前に知っていたとしたらインサイダー取引という犯罪になってしまう。

投資の世界では「人間が知恵を絞って株取引をするよりもチンパンジーがダーツを投げて当たった株を売買したほうが成績がいい」といわれているくらいで、プロだろうが素人だろうが、未来のことはほとんどなにもわかっていない。

でも手数料と税金だけは最初から確定している。

手数料は投資家からすると確実に出る損失で、避けられるなら絶対に避けたほうがいい。これは変な週刊誌に載ってる「株の必勝法」なんかとは比べものにならないくらい重要なことだ。株式投資の場合は使う証券会社によって手数料が変わるので、できる限り手数料の安い証券会社を使うのがいい。それだけで確実に損失が減り、確実に利益が増える。

あとは税金も無視できない。銀行預金にしても株式投資にしても、ほとんど全ての資産運用において、利益に対し20・315％の税金が課せられる。2019年現在、ほとんどの普通預金の金利が年0・001％なので、税金を引くと0・0008％くらいになる。つまり銀行に100万円預けたら1年後に8円もらえるってことになる。同じように株式投資の場合も、もし利益が出たら20・315％の税金がかかる。仮に100万円の利益が出たら、20万3150円の税金を払わなきゃいけない。100万円で買った株が2倍になったケースでも、1億円の株が1％成長したケースでも利益は同じなので、かかる税金も同じということになる。

先ほど例に出した百郎のケースなら、100万円投資して利益が59万2000円なので、決済したら12万264円の税金を払わなきゃいけない。総合的にプラスではあるとはいえ、約12万円もの税金を払うのはかなりきつい。

でも日本には少額投資非課税制度のNISAという制度があって、年間120万円までの投資額ならば、5年間まで運用しても税金がかからない。百郎のケースはNISAを使えば税金がチャラなので、159万2000円まるっと全て受け取ることができる。NISAを使うには、NISA口座で取引しなければならない。NISA口座は1人につき、1口座しか作れない。ほかの金融機関で作り直すには面倒な手続きが必要になるので、銀行や大手証券会社にすすめられてもきっぱりお断りして、手数料の安いネット証券で作ろう。

でもＮＩＳＡは２０２３年までの期間限定制度で、運用は２０２８年までしかできない予定。

似たような制度でつみたてＮＩＳＡというのがあって、こっちは買える商品の制限が厳しくて個別株が運用できないけど、２０３７年まで使える。

具体的な投資プランについても案内したいけど、この辺の法律や手数料はちょこちょこ変わるので、本に載せるのには向いてない。俺が書いた記事はサバイブというウェブメディアに掲載されていて、ちょこちょこ更新していくので、具体的な証券会社や商品の選び方についてはそちらを参考にしてほしい。

第8章

遊びながら生きていくために

なにかに頼りすぎるリスク

リスクの分散とコストの節約は、投資の基礎であると同時に、自立的な資産運用のコツでもある。重要なのは自分の資産の置き場所を自分で選ぶこと。それと、誰かに寄りかかりすぎないことだ。生きていれば人の助けが必要なときも出てくるかもしれないけど、基本的に自分の生活は自分で組み立てて力強く生きていきたいし、できることなら人を助けられるくらいの余裕を持っていきたい。

ある会社が大好きだからといって、全財産を1社の株にしてしまうのは危ない。株価の騰落によって暮らしの安定性が大きく脅かされることになる。

銀行預金や国債だって国の財政状況に左右されるし、不動産も脆い。「これさえあればなにがあっても大丈夫」なんて資産はひとつもない。強いて言うなら健康な心身やフットワークの軽さで、こういうものは大体いつでも頼りになる。

2019年6月に、金融庁が「高齢社会における資産形成・管理」っていう報告書を発表した。

この報告書では、夫65歳以上、妻60歳以上の夫婦がほぼ年金に頼る生活を送った場合、約2000万円が不足するという試算が出されている。これがテレビや雑誌に大きく取り上げられて、かなり大きな問題にまで発展した。根本的には日本人の少子高齢化という問題があって、日本人の寿命が延び続けていることと、新生児や労働人口が減ってきていること、そして移民の受け入れ態勢などが影響している。

公的年金が頼りないというのは子どもの頃から聞かされていた話だ。今さら老後2000万円必要って言われたところで騒ぐ理由も特にないけど、必要以上に煽られて不安になっている人たちもいて、ちょっと心配になったのですぐに記事を書いてアップした。

記事の内容は、定年後も働いて浪費を控えれば特に問題なく暮らせるという試算を中心に、若いうちからできる備え方なども軽めに書いた。たとえ2000万円不足するのが事実だとしても夫65歳、妻60歳になった時点で必要となるわけではない。65歳以降も収入が得られるならば特に問題はない。たとえば、夫婦それぞれが月10万円ずつ稼ぐことができる場合、8年4か月で2000万円に到達する。その時点では夫73歳、妻68歳で、そんなに無茶な歳ではない。

ある程度都会なら、60代後半～70代半ばでも月10万円くらい稼げる仕事はあるし、今後求人が増えていく可能性も高い。それに、現役のうちからなんらかの備えをしておけば、もっと少ない労力でカバーできる。

若いうちから備えるならば、貯金や投資だけでなく、老後も続けられる仕事を見つけておくことや、生活しやすい地域にいつでも引っ越せるようなフットワークを持っておくこと、食べ物や家を少ないコストで手に入れるルートを確保することなどが重要になってくる。

ただひたすらに2000万円貯めるクソゲーよりはアドベンチャー要素が高そうで、ワクワクする。俺は全然それでいいと思っていて、あんまり年金は頼りにしていないし、国に寄りかかりすぎるのも嫌だ。

「労働は苦行だが65歳まで働き続ければ老後は天国のような年金生活が待っている」みたいな気持ちで働いてきた人からしたら見放されたような気持ちになるのもわかる。件の記事ではその辺についても配慮した内容にしたつもりだけど、「老後も働けってバカか?」とか「定年後は誰も1秒も働きたくない」みたいな反応もあった。

この人たちが今何歳なのかわからないけど、そんなにキツい現役時代を送っている、または送っていたと考えると、こっちまで悲しくなってくる。

やっぱり、生活費を100%公的年金に頼り切る人生というのは金銭的にも精神的にもリスクがあると思う。年金だけじゃなくて、お金、親、家、街、国など、自分の未来をなにかに頼り切って生きていく姿勢は危険だ。

老後1秒も働きたくないっていう人たちは、きっと人生の楽しみまで全て老後に乗せ切っているんだろうけど、これもかなり危ない。人はいつ死ぬかわからない。

うちの父は大卒で病院に勤めたあと公務員になって、47歳のときに肺がんで亡くなっている。当時はまだ子どもだったからあんまりよく知らないけど、毎日仕事ばかりしていて、タバコをたくさん吸っていたことが少なからず影響していると思う。

俺は酒もタバコもやらないし、仕事は遊べるものしかしたことがない。食生活は健康的なものを好むし、最低限の運動もする。きっと長生きしやすい環境にいると思う。

それでも来年生きていない可能性はあるし、150歳まで生きてしまう可能性もある。先のことがわからない以上、どっちに転んでも楽しくやれるような生き方をしたい。だから今遊ぶことを諦めないし、将来のことも捨てない。父から学んだことは多い。

お金より大事なものを忘れない

価値観がお金で統一されかかっている人たちは平均的な給与や寿命、GDPで国の幸福度を計測できると本気で考えているし、ほとんどの投資家はお金が減ることを極端に気にしていて、「投資はお金を増やさないと意味がない」と考えている。

タイのチェンマイという街に滞在したときに聞いた話では、バンコクは金銭的に豊かだけど自殺者が増えてきていて、チェンマイは給料が安いけど自殺者はいないらしい。たとえ金銭的に世界一豊かな国になったとしても、幸福な暮らしが行き渡ると保証されるわけではないし、ある程度を超えると、お金の量はあまり重要ではなくなるようだ。

ある程度っていうのがいくらなのかは地域や住環境や個人による。アメリカの心理学者ダニエル・カーネマンとアングス・ディートンの共同の研究では、人間の感情的幸福は年収7万5000ドルまでは収入に比例して増えていくけど、それ以上は収入が増えても比例しなくなるという数字が出ている。でも上手に暮らすことができれば、もっと少ない収入でも最大限の幸福を感じることができるはずだ。

人間の幸福というのは人それぞれな部分が多くてわかりにくいけど、人それぞれだよねって片付けるにはちょっと早い。

思うに、日本くらい経済が発展して生活インフラが行き届いている国では、収入や貯金額を増やすことにこだわる必要はもうない。重要なのは今幸せな暮らしを送っているかどうかで、材料や能力の有無はそこまで重要ではないはずだ。つまり、たくさんの貯金額や優秀な能力があるかどうかよりも、今朝気持ちよく起きられたことや、明日楽しみな予定が入っていることのほうが重要なことだと思える。

よい暮らしをするには健康や安全や余暇が欠かせないし、日本で暮らすなら税金も払っていかなきゃいけない。そのためには最低限のお金が必要だけど、必要なお金の量は、どこまでが健康なのかとか、休日なにをするかによっても変わる。

自分の場合は長距離歩行やちょっとした水泳に耐えられて、26インチのスキニーパンツがはけて、1日3時間くらい文章を書ける程度の集中力が保てたら充分に健康だと思える。それさえクリアできたら皮膚や内臓が多少傷んだとしてもあんまり問題ない。テレビや雑誌や書店の新刊コーナーを見ると、必要以上の健康のための健康術や、ゆでたまごみたいな皮膚の作り方、筋トレにしか使わない筋肉のトレーニングをすすめてくるけど、あんなものにいちいち付き合っていたら毎月何百時間働けばいいのかわからない。

俺はそんなことよりも知りたいことや書きたいことがまだまだたくさんあるし、釣りや料理や道具の使い方ももっとうまくなりたいし、友達やバンドメンバーとやったことない遊びをしてみたい。まだ見たことないすごい奴が世界中にいるってことも知ってるし、会いたい人も山ほどいて、どれだけあっても時間は足りない。遊びと生活が忙しくて、つらい仕事なんかやってる暇がない。

最近の趣味は文章を書くことや、音楽、料理、釣り、園芸などで、消費的な物が少なくて、あんまりお金がかからない。かかったとしてもほとんどはなにかを作ることにつながっていて、むしろリターンが出ることのほうが多い。

こうして自分に必要なものをひとつひとつ考えて、長期間キープできるような暮らしをしていけば、それ以上のお金はあってもいいし、なくてもいいと考えている。

余った部分は友人や家族のために使ってもいいし、好きなお店に使ってもいい。今はすぐに使わない部分を投資に回していて、その部分のお金は増えようが減ろうが、そこまで重要ではない。どちらかといえば、お金がどこに流れているかのほうが重要だ。

投資をしていると、お金が増えるときもあるし、減るときもある。俺は資産の半分以上を海外の投資信託で運用していて、こっちはわりと安定的に増え続けているけど、くそつまらない未来を変えるつもりで運用している好きな会社の株は損を抱えることもある。でもそもそもの目的がお金を増やすことじゃなくて、俺の余ったエネルギーを社会に参加させることなので、お金の増減はそこまで気にならない。

俺は自分の生き方も、お金の運用先も、できる限りのことを自分で決めていきたいと考えている。そのために投資は欠かせないツールのひとつだ。自分のお金の流れる先を自分で決めるという行為は人格そのものに直結していて、たとえ損が出たとしても自分で決めたことなら文句はない。もちろん増えていたらうれしいけど、そもそも減ったとしても生活に支障が出ないような金額で運用しているので、株価の上下で生活が壊れるような運用の仕方はしてない。

それに、くそつまらない未来を変えられるかもしれないという期待を持って生きることで、人生が明るくなっていく。自分の人生だけじゃなくて、実は社会も人間の明るさに左右されるところが大きい。なにせ世の中は思ったことが現実になるようになっている。

未来にポジティブな思いを持つ人が多い地域はポジティブな景気になるし、ネガティブな思いの人が多ければ、そこはネガティブな景気になる。これはたとえじゃなくて、事実に近い。

たとえば自分が5年後からタイムスリップしてきた人間だとする。この先景気がよくなることを知っていたら、たくさん働いてたくさん株を買っておくだろう。そうしたら

5年後には大金持ちになっている。

同じように、ひとつの国に「今後は景気がよくなる」と信じている人がたくさんいたら、みんなたくさん働いて、たくさん投資する。そうするとお金の巡りがよくなって、実際に景気がよくなる。

反対に、誰もが「この先は景気が悪くなる一方だ」と考えた場合、多くの人は不景気に備えて貯金を始める。そうなると生活に直接必要ないものや効率の悪いものは全く売れなくなってしまう。企業はさらなる不景気に備えて給与削減やリストラを始めて、失業者が増えてしまう。商品の生産量が減って仕入れ値が上がり、個人店はやっていけなくなって、売ることに特化した店ばかりが生き残る。ざっくり言ってそんな感じになるだろう。

つまり、社会というのはみんなが思った未来に向かってしまう。だとすると、俺たちが明るい気持ちで生きること自体が、くそつまらない未来を変えていく力になる可能性もある。

本当は「必要かどうか」よりも「好きかどうか」で物を選びたいし、それが可能な社会を望む。また、俺たちの「好き」がほかの人や未来にとっても好ましい物ならなおよい。

ここで言う「俺たち」ってのは世界全体かもしれないし、国かもしれないし、街や村や会社かもしれない。でも、あんまりにも広げると疲れちゃうし影響力も弱まってくるから、まずは自分ひとりとか、もし友達がいたら気の合う数人くらいでもいいと思う。その人たちだけでも気持ちよく暮らせるようなお金と身体の動かし方を意識していけば、その範囲の未来は、きっと明るくなる。

この小さな輪っかが世界中にポツポツできて、なんとなくつながっていたらそれだけでもかなり楽しいし、希望が持てる。

さいごに

この本を書き始める少し前に会社員をやめた。今はこうやって書きたいことを文章にしたり、喋ったりして、遊びながら生活している。肩書きとしては自称個人投資家の31歳無職で、社会的には最底辺と捉えられることもあるかもしれない。でも自分では理想の生活を手に入れたと思っていて、今この瞬間も自分がいちばん幸せなのではないかとすら思う。尊敬しあえる友人に囲まれ、自分も他人も騙すことはないし、健康かつ安全な環境で自立的な生活を送っている。

最近はスケボーで近所の海まで行って釣りをしたり、海水煮込んで塩を作ったり、山の石で窯を組んでパンを焼いたりしていて、心身ともに毎日絶好調だ。今の暮らしならあと100年くらい続けられる自信がある。バンドはこれからもやっていくし、行きたい場所や会いたい人がたくさんいる。生きていれば実際に行くことも会うこともできるだろう。

仕事らしい仕事はほとんどしていないから収入は前より減ったけど、投資や執筆を通じてお金に関する知識が増えていったおかげで、将来の不安みたいなものはほとんどない。

将来の不安というのは厄介で、特にお金に対する不安を抱えたまま生きていると、必要以上の労働や出世競争に駆り立てられて、現実の自分とありたい自分との関係がおかしくなる。少なくとも俺は「オンオフ切り替えられる大人の男」なんつって無理やり納得できるほど器用じゃない。通帳の数字よりも日々の幸せが重要だ。だからといって、めちゃくちゃ働く人を批判するつもりもない。

なにが正しいとか、誰が間違ってるかっていうのは本当にどうでもいいことで、そんなことよりも自分がどうありたいかってことや、今自分がなにをやっているかってことを考えて、発信していきたい。

俺はやっぱりパンクが好きで、死ぬまで主体的に生きていきたい。これが大きなテーマになる。

考えることをやめたり、誰かのせいにして生きていくのは簡単だけど、それじゃあ本気で楽しめない。自分のエネルギーの行き先は、できる限り自分で決めていくつもりだ。

基本的に、お金をもらうためには体力や精神力や時間を売らなきゃいけない。

つまり、今口座に入っている貯金のほとんどは、自分が過去に生み出したエネルギーの売り上げだ。この固まったエネルギーの行き先もまた、自分で決めていかなきゃいけない。

この本に書きたかったのは以下のふたつ。将来の不安と闘うためにはお金の知識や考察が力になってくれるっていうことと、自分のエネルギーの行き先をうまくコントロールするためには投資が欠かせないツールになるっていうこと。

自分の場合、ありたい姿と現実の生活がマッチするために役に立ったのは、自己投資や財テクじゃなくて、発想の転換や迅速な行動力だったように思う。

ウェブに書いている記事は財テク寄りのことが多いけど、もっと根本的で伝わりにくい部分を文章にしてみたくて、この本を書きはじめた。俺たちは自分で全てを選び取って、身体と行動で表明していける。そういったものの集合体や、めちゃくちゃ大きな自然現象、偶然起きたいろいろなこと、いろんなものが組み合わさって現在が構成されている。

それを理解した上で、より意識的に物ごとを選び取って、未来へ自分好みな影響を与えていく。そのためのツールとして投資を提案してみたわけだけど、投資だけが正解だとは思っていない。

何度も言うように「これさえやっておけば大丈夫」なんてものはなくて、日常の中での買い物だったり、買わないという行為、選挙に行くことや行かないこと、遊び方や働き方、あらゆることが表明になっていく。「なにが正しいか」じゃなくて「なにがやりたいか」っていうことにこだわって、そのために今できることを、楽しめる範囲でやり続けていきたい。

この本を書くきっかけをくれた「タバブックス」の宮川真紀さん。そして、宮川さんにヤマザキOKコンピュータを紹介してくれた「途中でやめる」の山下陽光さん。ほんの少しのやり取りで最高の表紙と挿絵を仕上げてくれた香山哲さん。間接的に協力してくれたサバイブ編集部のみんなや我ヲ捨ツル、NEO POGOTOWNのメンバーなど、たくさんの大切な人たちにも感謝を伝えたい。また、健康な肉体と無限の知的好奇心を仕込んでくれた母への感謝も忘れることはない。

この本が、まだ出会ったことのないおもしろい人や場所と出会えるきっかけになることを望んでいて、今はそれがいちばんの楽しみである。

追記

2019年の末、この本の本編を書き終わったのとほぼ同時に新しいウイルス感染症が生まれて、想像以上の広がりを見せた。2020年の4月現在も、世界中が大混乱の真っ只中にある。

飛行機で遠くの街に行くことや、みんなで集まってご飯を食べたりしゃべったり歌ったりすることなど、今まで当たり前に「よい」と思ってきたことが、突然やってはいけないことに変わってしまった。仕事や遊びはおろか、生活すらままならない人もたくさんいて、まだまだ落ち着く気配がない。

世界規模でのパンデミックというのは自分にとって全く予想していないできごとだったけど「どんなことが起きてもぶっ飛ばされない生活を組み立てていきたい」と思って資産の預け先や収入源、遊び方や暮らしの拠点など、生活のあらゆることを分散して生きてきた自分は、いまのところ致命的なダメージを受けていない。

自分ひとりの生活に限っていえば、この先もまだまだ守っていけるだろうけど、この状態が何年も続いたら好きなお店や中小企業はことごとく消え失せて、飯も仕事もなにも選べない生活がやってくるかもしれない。俺たちが持っているささやかな投資の自由だって跡形もなく消え去る可能性もある。それはきびしい。

そんなことになったら、ひとつまみの超富裕層と大量の貧困層に二極化して、もう後戻りはできない。

もしそれより早く事態が収束したとしても「政府が思うように動けなかったのは憲法のせいだ」と考える人や、「もっと優秀なリーダーが必要だ」と考える人が増えていくことと思う。どちらが多かったとしても、独裁政治にまた一歩近付いてしまう。優秀なリーダーが独裁者になったら生存率や生活水準が上がって安全な生活が保証されるかもしれないけど、民の中には生存を最優先に考える人もいれば、自由がないなら生きなくてもいいという人もいるわけで、理想的な社会は誰かひとりで作れるものではない。

俺には何が正しいのかなんて全然わからないけど、何が好きかって話なら、みんながもっとバラバラになってどこで誰といればのびのび暮らしていけるか、各々で環境を選べるような状態が好ましい。そう考えると、居住移転及び職業選択の自由が守られていて、好きな店や好きな会社に投資できる今の環境もなかなかいい状態のようにも思える。

徳性や感覚が近く、居心地の良い環境に移動して、好きな会社やお店にエネルギーを流していくことで、くそ笑える未来に近付けていける可能性があるからだ。

資本主義と民主主義が続く限りは今の活動を続けていくけど、これからは社会が全く新しい世界に突入した場合の「新しい未来の作り方」も併行して考えていかなきゃいけない。忙しくなるぜ。

ヤマザキOKコンピュータ

1988年生まれの投資家・文筆家・ウェブメディア運営者。バンド活動しながらライブハウスで働いた経験などを元に、パンクの視点からお金を考える。お金に関するウェブメディア『サバイブ』や、沖縄のオルタナティブスペース『NEO POGOTOWN』の運営に携わる。
Twitter：@0kcpu

05
SERIES 3/4

くそつまらない未来を変えられるかもしれない投資の話

2020年 6月29日　初版発行
2023年 3月 7日　第6刷発行

著者　ヤマザキOKコンピュータ
発行人　宮川真紀
装丁　惣田紗希
装画・本文イラスト　香山 哲
発行　合同会社タバブックス
東京都世田谷区代田 6-6-15-204　〒155-0033
tel : 03-6796-2796　fax : 03-6736-0689
mail : info@tababooks.com
URL : http://tababooks.com/

組版　有限会社トム・プライズ
印刷製本　中央精版印刷株式会社

ISBN978-4-907053-40-6　C0095

Printed in Japan